HISTORIAS BÍBLICAS MAL UTILIZADAS

Libros de Eric J. Bargerhuff publicados por Portavoz

Historias bíblicas mal utilizadas
Versículos bíblicos mal utilizados

HISTORIAS BÍBLICAS MAL UTILIZADAS

MANERAS SORPRENDENTES DE MALINTERPRETARLAS

ERIC J. BARGERHUFF

EDITORIAL PORTAVOZ

La misión de *Editorial Portavoz* consiste en proporcionar productos de calidad —con integridad y excelencia—, desde una perspectiva bíblica y confiable, que animen a las personas a conocer y servir a Jesucristo.

Título del original: *The Most Misused Stories in the Bible*,

Traducción: Ricardo Acosta

Las cursivas en los versículos bíblicos son énfasis del autor.

EDITORIAL PORTAVOZ
2450 Oak Industrial Drive NE
Grand Rapids, Michigan 49505 USA
Visítenos en: www.portavoz.com

ISBN 978-0-8254-5819-4 (rústica)
ISBN 978-0-8254-6738-7 (Kindle)
ISBN 978-0-8254-7559-7 (epub)

1 2 3 4 5 edición / año 28 27 26 25 24 23 22 21 20 19

Impreso en los Estados Unidos de América
Printed in the United States of America

A quienes tienen hambre y sed por la verdad,
que este libro sea simplemente un aperitivo que
los conduzca al plato principal: la inerrante,
infalible y eterna Palabra de Dios.

También dedico esta obra a la memoria del doctor Donald Rinehart, mi profesor de religión en la Universidad de Ashland en Ashland, Ohio. La pasión de Don por la Palabra, su amor por los estudiantes universitarios, su sonrisa perpetua y su espíritu al estilo Bernabé, fueron una bendición para todos los que lo conocimos. A través de la vida de este hombre fluyó gracia hacia mucha gente. Gracias, doctor Rinehart. El hecho de que ahora vea al Salvador nos produce gran gozo.

Contenido

Introducción

A todo el mundo le gusta una buena historia y la Biblia tiene muchísimas. Algunas impactan, otras condenan. Y otras son poderosas porque comunican verdades respecto a Dios y a nosotros como nada más puede hacerlo.

Pero las historias se pueden malinterpretar con frecuencia. Se las saca de contexto. Se pasan por alto detalles. Se leen entre líneas intenciones personales ocultas. Las tradiciones humanas pueden confundir hechos. Pueden eludirse o pasarse por alto los puntos principales. Puede hacerse caso omiso a información pertinente de recursos confiables y bíblicamente exactos que podrían traer claridad. El lenguaje puede malinterpretarse. Se cometen errores.

De allí la importancia de que cada lector de la Biblia, desde el ocasional hasta el estudiante serio, aprenda a interpretar la Biblia en contexto, utilizando todas las ayudas y guías para el estudio fiel. Esto, junto con el poder acompañante del Espíritu Santo y la comunidad de la iglesia llena del Espíritu, nos ayudará a leer y aplicar fielmente la Palabra de Dios.

Este libro toma algunas de las historias bíblicas más mal usadas y las pone en contexto con la esperanza de traer claridad y luz a lo que Dios quiere para nuestras vidas. Esta obra podría considerarse un acompañante de mi libro anterior: *Versículos bíblicos mal utilizados*. Sin duda, hay elementos comunes y coincidencias en los principios que intento enseñar, pero las historias y los textos bíblicos con que trato son diferentes en cada obra.

Sé que algunos tal vez quieran debatir que esta o aquella historia no debió haberse incluido por sobre otras. Desde luego, todo esto es una decisión subjetiva relacionada con la experiencia de alguien en la vida y la iglesia. De ninguna manera estas son las historias más mal utilizadas para *todo el mundo*.

Sin embargo, creo que señalar los usos indebidos y las malinterpretaciones de estas historias puede llevar a similares descubrimientos y puntos de aplicación para otras narraciones bíblicas que no se tratan en este libro.

Cada vez es más obvio que vivimos en una cultura bíblicamente ignorante que considera a la Biblia obsoleta, anticuada, parcial, política y ofensiva para las sensibilidades y los puntos de vista de hoy. Podría ser sorprendente escuchar que esto no es distinto de la forma de ver la vida en el Imperio romano, donde eran comunes el paganismo, la inmoralidad y la filosofía relativista. En muchas maneras, la Iglesia está retrocediendo hacia la cultura del primer siglo, cuando la Iglesia perseguida prosperó.

Esto significa para nosotros que la luz de la Biblia y su mensaje contrastan con las tinieblas que prevalecen en la cultura moderna. Parece que estamos en Babilonia una vez más. Los cristianos bíblicos se opondrán a la ola predominante de la cultura en formas que naturalmente invitarán a la hostilidad y el ridículo, tal vez incluso al sufrimiento físico en algún momento. Pero los cristianos que anhelamos agradar a Dios y ser fieles sabemos que no tenemos más opción que seguir las enseñanzas de la Biblia mientras intentamos llevar las buenas nuevas del evangelio de Jesucristo a un mundo perdido.

A veces podría ser tentador suavizar los bordes ásperos de la verdad bíblica para que el mundo nos reciba más fácilmente. Pero hacer eso sería comprometer las verdades eternas que separan al pueblo de Dios de un mundo que está pereciendo, y significaría perder la bendición de Dios que viene de obedecer estas verdades en su Palabra. Debemos permanecer fieles a su verdad sin importar los tiempos o el ambiente en que nos encontremos. La Biblia no es simplemente un registro histórico de redención divina, sino un medio vivo y activo de apropiarse de esa redención.

Te invito a leer este libro con una disposición humilde a ser retado. Quizá aprendas algo nuevo, o tal vez simplemente refuerces lo que ya sabes y esto suceda de manera natural cuando lees las Escrituras. Es posible que quieras discutir algún punto. De cualquier modo, puede ser que al leer estas historias con otra perspectiva, tu corazón se anime a conocer mejor la Palabra de Dios y profundizar en ella.

Si en algún punto piensas de modo diferente a mí, te pido que seamos mutuamente caritativos mientras buscamos más luz sobre el tema. Durante el transcurso de mi vida, yo mismo he utilizado mal un versículo o una historia, y gracias a Dios hubo alguien con un espíritu dispuesto y compasivo que me mostró nuevas perspectivas que me clarificaron la Palabra de Dios. Todos somos estudiantes de la Biblia, incluso quienes han sido adiestrados y tienen títulos avanzados en Biblia y teología. Al leer textos antiguos y sagrados, debe haber lo que mi mentor de tesis, Kevin Vanhoozer, llama «humildad hermenéutica». En otras palabras, si usamos un enfoque de interpretación coherente —un método gramático-histórico, literal—, y Dios trae un nuevo entendimiento a su Palabra, todos debemos estar dispuestos a aprender y crecer, e incluso a cambiar nuestro parecer.

Esto significa que, conociendo nuestros propios prejuicios filosóficos y culturales, tratamos de interpretar las Escrituras sin que tales prejuicios se vuelvan un obstáculo si entran en conflicto con la verdad bíblica. También significa que aprendemos a interpretar el texto en el contexto de una comunidad llena del Espíritu, el cuerpo de Cristo. Además significa permitir que la Palabra de Dios nos domine más de lo que tratamos de dominarla.

Nos apoyamos en los hombros de la tradición de la Iglesia y en miles de años de interpretación. Sería un falso intelectualismo cronológico pensar que somos los únicos que tenemos las mejores perspectivas de la verdad. Algunos de los descubrimientos más grandiosos y reveladores provienen de teólogos, pastores y laicos que han vivido, enseñado, predicado y escrito acerca de estas verdades a través de los siglos. Haríamos bien en familiarizarnos con tales descubrimientos en nuestra misión de interpretar y aplicar la verdad inmutable del evangelio a nuestras vidas modernas.

Al igual que mi libro anterior, este puede servir como guía devocional diaria, un libro para estudio en grupos pequeños o como texto paralelo en cursos sobre cómo interpretar la Biblia. He visto a algunos pastores usar la idea para una serie de sermones, y he visto que personas simplemente lo leen de manera rápida y casual. De cualquier modo, mi oración es que sea de provecho para ti en tu viaje espiritual.

La Biblia es un libro que cambia vidas, pero si se malinterpreta y se usa en forma inapropiada, puede convertirse en algo peligroso. La manera en que vemos a Dios tiene influencia directa en cómo vivimos, en lo que pensamos y creemos, en cómo nos sentimos, y en cómo tratamos a los demás. De modo que es aún más importante que tratemos de entender quién es Dios y cuál es su voluntad para nosotros con respecto a la verdad que ha revelado en su Palabra.

Ahora veamos algunas de las historias más mal utilizadas en la Biblia, leyendo narraciones que están llenas de misericordia y verdad, historias que, en última instancia, señalan a Cristo y su amor redentor para ti y para mí.

CAPÍTULO 1

David y Goliat

«Tú vienes a mí con espada y lanza y jabalina; mas yo vengo a ti en el nombre de Jehová de los ejércitos».

—1 Samuel 17:45

Durante mi niñez, a mis amigos y a mí nos encantaba jugar en las ligas infantiles de béisbol. Una ventaja de vivir en un pueblo pequeño era que podía ir y venir en bicicleta al campo de juego para entrenar y jugar. Deslizaba mi guante en el manubrio y pedaleaba por todo el pueblo, usando orgulloso mi uniforme multicolor de los Astros.

Cuando jugaba, nunca tuve miedo al béisbol ni a lastimarme. Pero antes o después de los partidos, la historia era diferente. Mi paseo en bicicleta siempre me llevaba por una casa en que había un dóberman enorme con tremendo ladrido y colmillos muy grandes. No estoy seguro de si se trataba de mí, del color de mi uniforme, de la bicicleta o del horario de alimentación del perro, pero cada vez que me veía, corría toda la longitud de la cadena y prácticamente se atragantaba, listo a despedazarme. Puedes imaginar la rapidez con que me latía el corazón y pedaleaba siempre que me acercaba al patio de ese can.

Bueno, por lo general los perros no me asustan, pero este era la excepción. El animal quería un bistec, y yo me ajustaba al perfil. Pero me encontraba a salvo mientras él estuviera dentro de la extensión de esa cadena. En realidad llegué a disfrutar el torrente de adrenalina mientras pasaba por su patio, y de vez en cuando incluso le lanzaba algunos improvisados ladridos en su dirección. (Todos tenemos nuestras formas de tratar con el temor).

Pero, en cierta ocasión, el dueño del devorador de gente soltó la cadena en el mismo instante en que yo pasaba. Fue entonces cuando mi peor pesadilla se hizo realidad. A velocidad desenfrenada y con ira al rojo vivo brotándole por los ojos, ese dóberman se soltó de su dueño y cargó contra mí con furia en sus ladridos mientras le salía saliva de la boca.

Las palabras *pánico*, *terror*, *horror* y *«estoy demasiado joven para morir»* no empiezan a describir la sensación que al instante se apoderó de mi alma mientras los ojos se me agrandaban y el estómago se me llenaba de náuseas al observar a esta bestia acercándose a mí. De repente, el perro mordió el pedal y gruñó a todo pulmón. Dejé escapar un grito tan escalofriante que estoy seguro de que toda la población de Mexico, Indiana, lo escuchó.

Mientras yo pateaba el aire, el manubrio se descontroló y la gorra se me cayó, entonces el dueño del perro gritó, no al animal sino a mí, ¡que detuviera la bicicleta y me quedara quieto!

¿Qué pensaba el hombre? Yo no iba a parar y convertirme en postre de ese monstruo. Pero no tuve otra opción porque los pies se me resbalaron de los pedales y la bicicleta se estrelló contra el suelo. Golpeé el piso duro y me cubrí la cabeza con las manos. Pero, para mi sorpresa, la bestia negra detuvo su ataque tipo avión de combate y corrió hacia su dueño con pasos llenos de satisfacción que sin duda lo convertían en un héroe en su propia mente.

El dueño preguntó si me hallaba bien, pero no pude emitir una sola palabra. Rápidamente agarré la gorra, levanté la bicicleta y corrí por la calle mientras intentaba recuperar el aliento y reanimar el corazón. Era lo más cerca que había estado de morir en mis cortos doce años vividos.

Este es, como dicen, un recuerdo y un sentimiento que nunca olvidaré.

El miedo es un poderoso recordatorio de nuestra mortalidad, y es lo que nos puede paralizar y entumecer cuando enfrentamos importantes decisiones o interacciones con personas intimidantes (y perros dóberman).

Muchos nos dirán que, cuando tengamos miedo, simplemente debemos esforzarnos y enfrentar «al gigante» delante de nosotros con la confianza con que nos armamos desde lo más profundo... sea el gigante una montaña rusa, un examen final en la escuela o una relación malograda. Y si alguna vez hubo una historia bíblica que pareciera ajustarse a esa situación, es la de David y Goliat.

La historia del pastorcito contra el gigante guerrero filisteo en 1 Samuel 17 se conoce en todo el mundo. Desde la escuela dominical hasta en sermones se nos enseña a enfrentar nuestros temores y a los gigantes que guerrean contra nuestras almas como lo hizo David. Sin embargo, ¿es esta la mejor manera de entender y aplicar la historia de David y Goliat?

Afirmo que la narración no es sobre David venciendo el

miedo. Si miras más de cerca, verás que él no muestra ninguna señal de temor. Es más, David está bastante confiado (y muy molesto) cuando oye que este guerrero extraordinariamente grande ha paralizado a los ejércitos de Israel con voz atronadora y presencia intimidante.

Los israelitas, dirigidos por Saúl, su primer rey, acampaban en un valle. Habían establecido líneas de batalla contra sus archienemigos, los filisteos, dirigidos por «un paladín, el cual se llamaba Goliat, de Gat» (17:4). El gigante medía casi tres metros, tenía armadura, una lanza y una espada cuya empuñadura pesaba casi siete kilos.

Goliat lanzó un desafío audaz a Saúl y su ejército, diciendo que pelearía con cualquiera que se le enfrentara en batalla, y que los filisteos se convertirían en sus siervos si él perdía. Pero que si Goliat prevalecía, Saúl y sus hombres depondrían las armas y se volverían siervos de los filisteos.

Con su griterío desagradable y amedrentador, Goliat retaba a las filas de Israel. Pero entonces llega un jovencito, un pastor llamado David, a quien su padre había enviado. David era un escudero a tiempo parcial de Saúl, así que solía entrar y salir en el campo de batalla y regresar con regularidad a casa para cuidar de las ovejas de su padre.

Pero, en este último viaje al campo de batalla, el padre de David le dio la tarea de llevar grano y pan a tres de sus hermanos mayores que eran reclutas a tiempo completo en el ejército de Saúl. Además, David debía llevar diez quesos a su comandante (por cierto, una de las pocas veces que se menciona queso en la Biblia).

Ahora, mientras David se acercaba a los ejércitos de Israel y saludaba a sus hermanos, quienes se habían alineado una vez más contra los filisteos, oyó la conocida voz y las burlas del monstruoso guerrero Goliat repitiendo el mismo desafío que había estado lanzando durante cuarenta días y cuarenta noches.

David vio cómo los hombres de Israel huían atemorizados, a pesar de que el rey Saúl, al parecer, había ofrecido una recompensa (grandes riquezas y su hija en matrimonio) a cualquier hombre que se enfrentara al gigante y lo derrotara. David se entristeció al ver esto, y de manera conmovedora preguntó: «¿Quién es este filisteo incircunciso, para que provoque a los escuadrones del Dios viviente?» (1 Samuel 17:26).

David no pareció mostrar ningún temor y sus palabras audaces finalmente llamaron la atención del rey Saúl, quien lo mandó llamar para que se presentara ante él. Entonces, David le expresó al rey: «El pueblo no debería dejarse intimidar por ese tal Goliat. Como siervo tuyo, yo enfrentaré a ese filisteo» (17:32, PDT).

Saúl dudó de las posibilidades de David, pero este lo convenció de que podía triunfar debido a sus victorias pasadas al derribar leones y osos en defensa de las ovejas de su padre. Ahora David estaba demostrando una vez más su poder para defender a otro grupo de ovejas asustadas: los ejércitos de Israel. Para el joven, Goliat solo era otro león u oso que debía vencer, y tenía confianza en que Dios también lo liberaría de la mano de esta bestia filistea.

El rey dio su consentimiento, y entonces quiso entregarle a David su armadura para mayor protección. Pero David no la utilizaría. Debía encontrar la victoria siendo él mismo y confiando en el Dios que sabía que era soberano sobre el hombre y sobre toda criatura viviente. Así que, con cayado, piedra y honda en mano, se dirigió al filisteo para dejar en claro que Dios estaba a cargo.

La mofa llegó rápidamente, con Goliat burlándose de David: «¿Soy yo perro, para que vengas a mí con palos?» (17:43). Luego maldijo a David, esperando sin duda que este retrocediera asustado. Pero una vez más, David no mostró ningún temor:

> Tú vienes a mí con espada y lanza y jabalina; mas yo vengo a ti en el nombre de Jehová de los ejércitos, el Dios de los escuadrones de Israel, a quien tú has provocado. Jehová te entregará hoy en mi mano, y yo te venceré, y te cortaré la cabeza, y daré hoy los cuerpos de los filisteos a las aves del cielo y a las bestias de la tierra; y toda la tierra sabrá que hay Dios en Israel. Y sabrá toda esta congregación que Jehová no salva con espada y con lanza; porque de Jehová es la batalla, y él os entregará en nuestras manos (17:45-47).

Estas no son las palabras de un niño que le tiene miedo a un perro grande.

Casi todos conocemos el resto de la historia. David se acercó rápidamente a Goliat (una vez más, sin temor), sacó una piedra de la bolsa, y la tiró con tal precisión que dio en medio de la frente del enemigo, lanzándolo a tierra. Con eso, David agarró la espada del gigante y lo decapitó.

Tal como puedes ver, David tenía un historial con Dios, y puesto que conocía el carácter y el poder de su Dios, no tenía temor. Para ser justos, el miedo *es* parte de esta narración. La ironía es que quienes realmente tenían miedo (Saúl y su ejército) optaron por no luchar contra el gigante. Ciertamente no vencieron el temor con fe.

Pero David, el único sin miedo, venció al gigante no porque quisiera vencer su temor sino porque estaba celoso por defender el carácter y la gloria de Dios. Así que el punto principal de la historia no tiene que ver con vencer el temor y enfrentar tus gigantes, sino con confiar en el poder y el carácter de Dios para liberar.

Cuando la reputación de Dios está en juego, y un hombre o una mujer de fe tratan de defender la honra divina, puedes estar seguro de que Dios estará allí. El Señor será glorificado en la vida de quien confía en Él. Dios liberará a su pueblo y finalmente triunfará, porque nos concede la victoria sea en esta vida o en la venidera.

CAPÍTULO 2

Gedeón y su vellón

«Jehová le dijo: Ciertamente yo estaré contigo, y derrotarás a los madianitas como a un solo hombre».

—Jueces 6:16

La universidad puede ser un gran tiempo en la vida. Libertad, amistades y, sí, estudio duro y disciplinado son los aspectos que conforman los recuerdos. Me gradué en una pequeña universidad de artes liberales en Ohio, y recuerdo bien esas clases iniciales cada semestre en que los profesores pasaban lista y preguntaban a cada alumno su nombre, de dónde venía y su principal especialidad de estudio. En aquellos primeros años me encontraba un poco frustrado porque sabía mi nombre y de dónde venía, pero... ¿mi especialidad?

En cierto momento, pensé que obtener un título en justicia penal y regresar a mi estado natal de Indiana para ser un policía estatal era una buena opción. Periodismo era otra posibilidad, ya que me gustaba escribir y había servido como editor en jefe de mi periódico en el liceo. Por suerte, con tantas clases requeridas de educación general durante los primeros años de universidad, no sentí demasiada presión por anunciar una especialidad. Sin embargo, finalmente debía tomar una decisión.

Como cristiano en crecimiento, quise conocer la *voluntad de Dios* al respecto. Creía que Él tenía un plan para mí, solo que yo no sabía cuál era. Amigos y seres queridos no dudaron en darme consejo. Algunos hablaron de poner un «vellón» para discernir la voluntad de Dios.

Desde luego, hablaban en sentido figurado. No estaban diciéndome que pusiera una manta de lana o que esquilara una oveja. La idea de utilizar un vellón para probar la voluntad de Dios viene de la historia de Gedeón en el Antiguo Testamento, en Jueces 6.

La historia es esta: menos de una generación después que Dios liberara a los israelitas de la esclavitud en Egipto y los llevara a la tierra prometida, estos ya se habían rebelado contra Dios. Habían caído víctimas del encanto de las religiones y prácticas paganas que los rodeaban, transigiendo moral y espiritualmente, todo porque habían desobedecido la orden de Dios de conquistar y expulsar de la tierra a los cananeos. La Biblia informa que la generación que siguió a Josué «no conocía a Jehová, ni la obra que él había hecho por Israel» (Jueces 2:10). Le dieron la espalda a Dios, comenzaron a adorar ídolos, y no siguieron los mandamientos de Moisés como se establece en la ley de Dios.

Profundamente dolido y enojado, Dios levantó su mano de protección y bendición sobre los israelitas y permitió que pueblos circundantes los saquearan y esclavizaran, incluso hasta el punto en que se dice que «Jehová estaba contra ellos».[1] Su Libertador y Redentor ahora se había convertido en enemigo a causa de la rebelión infiel que exhibían, por tanto sufrieron en gran manera.

Pero, en desesperación, Israel suplicó al único Dios verdadero que los rescatara una vez más y, puesto que Él está lleno de compasión, les tuvo piedad. El Señor levantó un líder tras otro, conocidos como *jueces*, para ayudar a liberar de los enemigos a los israelitas. El pueblo de Dios seguiría al Señor por un tiempo, pero debido a la falta de arrepentimiento verdadero, poco después que el juez moría ellos volvían a caer en su antigua corrupción, llegando a ser peores de lo que habían sido.

Este patrón de liberación seguida por un descenso en corrupción y posterior opresión por parte de sus enemigos duró cientos de años. El estribillo común en todo el libro de Jueces es: «En aquellos días no había rey en Israel; cada uno hacía lo que bien le parecía» (Jueces 17:6).

Uno de los jueces levantados por Dios fue un hombre llamado Gedeón. Los madianitas habían estado asolando y oprimiendo a Israel durante siete años. La Biblia nos dice que el ángel del Señor visitó a Gedeón mientras este sacudía trigo en un lagar (un sitio bajo en el suelo para aplastar uvas). El lagar mantenía al hombre fuera de la vista de los madianitas, quienes podrían verlo y ser tentados a robarle el cereal.

Fue aquí donde el ángel del Señor saludó a Gedeón: «Jehová está contigo, varón esforzado y valiente» (6:12). Bueno, este no fue un saludo común, y este no era un ángel común. Más adelante en la narración al ángel se le identifica nada

1. Jueces 2:15. Dios usa a veces medios inesperados para captar nuestra atención.

menos que como Dios mismo en forma angelical temporal (vv. 14, 16, 23, 25, 27).[2] El Señor había escogido a Gedeón para una misión especial, y llegó el momento, pero había cosas en el corazón del hombre con las que debía tratar primero.

Gedeón temía a los madianitas, razón por la cual en primera instancia se hallaba en el lagar. Pero también estaba desanimado porque lo que sabía que era cierto acerca de Dios no parecía corresponder con lo que experimentaba. Cuando el ángel le dijo: «Jehová está contigo», Gedeón respondió: «Ah, señor mío, si Jehová está con nosotros, ¿por qué nos ha sobrevenido todo esto?» (v. 13).[3]

Gedeón cometió el error común que cometemos hoy: mirar nuestras circunstancias dolorosas y utilizarlas para medir o sacar falsas conclusiones respecto a la bondad y el carácter de Dios. En un mundo caído, donde aún existe pecado, muerte y maldad, no deberíamos esperar que el paraíso ideal ocurra en esta vida, sino más bien en la venidera.

Pero Gedeón no lo veía de ese modo. Sentía que el Señor había abandonado a su pueblo, y dudó realmente de lo que el ángel le decía. Los últimos siete años habían sido lamentables. Pero Israel, a causa de su propio pecado, estaba oprimido por los madianitas. Nosotros tenemos la misma tendencia de mirar a otra parte o culpar a otro por el desastre en que nos encontramos, tal como Adán y Eva hicieron en el huerto del Edén.

2. Esto es lo que se llama una *teofanía*, que es una manifestación temporal de Dios mismo en la tierra. Para ser más específico, este incidente del Ángel del Señor es probablemente una *cristofanía*, o aparición preencarnada de Jesucristo, la segunda persona de la Trinidad.

3. Estas indicaciones respecto al corazón de Gedeón y sus luchas internas antes de aceptar y cumplir el llamado de Dios vienen de un sermón del doctor William Rice, «Lo que podría ser», 3 de enero, 2016, Calvary Church, Clearwater, Florida.

Pero el ángel, lleno de compasión, tenía confianza en Gedeón a pesar de esa duda. Entonces el ángel *clarificó abundantemente la voluntad de Dios*, manifestando: «Ve con esta tu fuerza, y salvarás a Israel de la mano de los madianitas. ¿No te envío yo?» (6:14). Aun así, Gedeón lidiaba con su incredulidad.

> Entonces le respondió: Ah, señor mío, ¿con qué salvaré yo a Israel? He aquí que mi familia es pobre en Manasés, y yo el menor en la casa de mi padre. Jehová le dijo: Ciertamente yo estaré contigo, y derrotarás a los madianitas como a un solo hombre (vv. 15-16).

Cada vez que Gedeón tuvo una objeción, el ángel respondió con una afirmación confiada de la voluntad de Dios. Y su paciencia no disminuiría ni siquiera al considerar la próxima negativa de Gedeón, quien presentaría su propio conjunto de pruebas a fin de ver alguna demostración física de si el ángel realmente decía la verdad.

Gedeón pidió una señal, y ofreció una dádiva de pan, carne y caldo al ángel, quien consumió todo con fuego antes de desaparecer en forma instantánea. Lleno de pánico y temiendo haber visto en realidad a Dios y que seguramente moriría, Gedeón clamó y una vez más recibió el mensaje tranquilizador de Dios de que no debería temer y que no moriría.[4] Otra vez, Dios tuvo paciencia.

Finalmente, Gedeón comenzó a moverse en dirección a

4. La idea de que el hombre moriría si veía cara a cara a Dios viene de Éxodo 33:20, donde Moisés se reunió con el Señor en el monte Sinaí pero no pudo verlo en su plenitud o santidad absoluta. Como pecadores caídos debemos perfeccionarnos antes de encontrar a Dios en este modo, lo cual nos hace anhelar el cielo.

la obediencia, pero aún le asaltaban las dudas, por lo que tuvo una «prueba» más para Dios, una con la participación de vellones.

> Gedeón dijo a Dios: Si has de salvar a Israel por mi mano, como has dicho, he aquí que yo pondré un vellón de lana en la era; y si el rocío estuviere en el vellón solamente, quedando seca toda la otra tierra, entonces entenderé que salvarás a Israel por mi mano, como lo has dicho (vv. 36-37).

Observa que Gedeón expresa que ya se le había declarado la voluntad de Dios, pues lo confirman las palabras «lo has dicho» en los versículos anteriores. Por supuesto, Dios soportó con paciencia la duda de Gedeón al aceptarle la prueba, mojando el vellón durante la noche mientras mantenía seca la tierra. Creerías que esto sería suficiente.

Sin embargo, se repite la historia. La débil fe de Gedeón (mejor que no tener fe) vuelve a probar a Dios, pidiéndole que haga lo opuesto al día siguiente: mantener seco el vellón y humedecida la tierra. Y desde luego, al día siguiente ocurrió como pidió.

Por fin, Gedeón tuvo suficiente prueba física para estar convencido, y avanzó con un ejército en un intento de emboscar a los madianitas. Según cuenta la historia, Dios redujo el ejército de Gedeón a solo trescientos hombres, probabilidades casi imposibles, ya que claramente los enemigos los superarían en número. Pero Dios hizo esto a fin de que solo Él obtuviera la gloria por el triunfo.

El ejército de Gedeón rodeó a los madianitas en la noche. El plan de emboscada incluía antorchas, trompetas y destrozo de cántaros, de modo que los madianitas quedaron tan desconcertados, confundidos y asustados que se mataron entre sí mientras muchos otros corrían gritando despavoridos.

Al final, Gedeón salió victorioso, pero pareció un largo proceso llegar allí. Entonces surgen las preguntas: ¿Están destinadas las pruebas de los vellones de Gedeón a ser un patrón para nosotros hoy día a fin de discernir la voluntad de Dios? ¿Deberíamos buscar señales y pruebas físicas, poniendo a prueba a Dios con la finalidad de asegurarnos que conocemos el corazón de Dios en un asunto?

Afirmo que esto no es algo sano de imitar. En primer lugar, Gedeón *ya conocía la voluntad de Dios* porque le llegó por medio de la Palabra de Dios. El ángel le anunció directamente cuáles eran los planes divinos. Aunque hoy día no tenemos ángeles parlantes, sin duda tenemos un registro completo de la Palabra de Dios en nuestras Biblias, y haríamos bien en buscar a Dios y escuchar su voz en las páginas de las Escrituras para poner atención a lo que Él ya ha declarado que es su voluntad para nosotros.

Solo entonces comenzaremos a desarrollar la «mente de Dios» en tal forma que podremos pensar y actuar más como Él. La Biblia declara: «Estad siempre gozosos. Orad sin cesar. Dad gracias en todo, porque esta es la voluntad de Dios para con vosotros en Cristo Jesús» (1 Tesalonicenses 5:16-18).

Con esto en mente, está claro que Dios ya ha revelado gran parte de su voluntad en muchos lugares. Pero si no buscamos obedecerle en esos aspectos, ¿qué nos hace creer que Él estaría ansioso de mostrarnos su voluntad en cosas que pertenecen a decisiones que se salen de las páginas de la Biblia?

No estoy sugiriendo que tengamos que ser moralmente perfectos a fin de discernir la voluntad de Dios en otros ámbitos de nuestra vida. Eso no será posible mientras vivamos en la carne en este mundo caído. Pero sí sugiero que Dios desea que busquemos «primeramente el reino de Dios y su justicia» (Mateo 6:33), y todas estas otras necesidades vitales se nos añadirán en su propio tiempo perfecto.

Debemos ocuparnos en buscar más la *persona* de Dios que la *voluntad* de Dios. En forma sutil, incluso nuestra búsqueda de la voluntad de Dios podría convertirse en un ídolo si eclipsa nuestra simple búsqueda de conocer y obedecer a Dios como un acto de adoración. Dios se deleita cuando hacemos su voluntad, y desea que estemos en ella incluso más de lo que nosotros queremos.

En su encantador libro *La voluntad de Dios*, el pastor y maestro John MacArthur sostiene que si somos salvos, intentamos ser llenos del Espíritu, santificados (apartados para Dios), sumisos a la autoridad y dispuestos a sufrir por Cristo en un mundo hostil, entonces Dios moldeará y formará los deseos de nuestros corazones tras los cuales debemos ir.

MacArthur hace una excelente labor de llamarnos a «entrar en la corriente principal de lo que Dios está haciendo y permitir que nos guíe hacia esa voluntad perfecta».[5] Esto significa que conocer, adorar y servir a Dios debería ser el objetivo principal de nuestras vidas al tiempo que rechazamos las tendencias carnales que a menudo hacen guerra contra nosotros. Al hacer eso, descubriremos con frecuencia que nosotros mismos y nuestros deseos están alineados con la voluntad de Dios para nosotros. Entonces podemos tomar la decisión de buscarla.

---

5. John MacArthur, *Found: God's Will* (Colorado Springs: David C. Cook, 1977), p. 58. Publicado en español por Mundo Hispano con el título *La voluntad de Dios*.

Creo firmemente que para discernir la voluntad de Dios debemos estudiar la Palabra y orar, mientras buscamos consejo piadoso de personas maduras que conozcan a Dios y sus principios bíblicos, y que nos conozcan bien. Al desarrollar un corazón que discierne, y vivir en el poder del Espíritu, abandonando el pecado y buscando de veras agradar a Dios, Él nos clarificará su voluntad y moldeará nuestros deseos; y al tomar una decisión, podremos tener confianza en que nos guiará por la senda correcta.

Las adivinanzas que utilizan señales y vellones tienen el propósito de probar a Dios, y solo demuestran que somos tan inseguros como Gedeón. En cambio, buscar primero el reino de Dios y su justicia fortificará el alma con confianza en un Dios que desea que primero nos alegremos en Él. Es entonces que todas las demás cosas te «serán añadidas» (Mateo 6:33).

Así que deshazte del vellón. Elimina la búsqueda de señales en el cielo o la interpretación de situaciones que no deberían interpretarse con el propósito de encontrar la voluntad divina. Desear esta clase de tácticas de discernimiento debería ser una señal de alerta, recordándonos que no estamos caminando con Dios tan de cerca como para que moldee los deseos de nuestros corazones. Así afirman mis versículos favoritos del Antiguo Testamento sobre «discernimiento»: «Fíate de Jehová de todo tu corazón, y no te apoyes en tu propia prudencia. Reconócelo en todos tus caminos, y él enderezará tus veredas» (Proverbios 3:5-6).

«Deléitate asimismo en Jehová, y él te concederá las peticiones de tu corazón. Encomienda a Jehová tu camino, y confía en él; y él hará» (Salmos 37:4-5).

CAPÍTULO 3

Caín y Abel

«Y [Dios] le dijo: ¿Qué has hecho? La voz de la sangre de tu hermano clama a mí desde la tierra».

—GÉNESIS 4:10

La mayoría de las personas tiene un agudo sentido de justicia. Si algo tiene incluso una insinuación de ser injusto, nos saca de quicio. Sin duda estamos diseñados de este modo, pero hay en realidad un ámbito en que la batalla por la justicia puede elevarse rápidamente a un punto álgido de intensidad emocional: la rivalidad entre hermanos.

Sea entre hermanos, entre hermanas, o entre hermanos y hermanas, no importa; la intensidad de la rivalidad puede superar con creces cualquier cosa que el hombre pueda inventar, desde Pepsi contra Coca Cola, Medias Rojas contra Yankees, o un partido de baloncesto entre equipos universitarios. Simplemente pregúntale a cualquier padre que escucha la comparación casi constante del tamaño de porciones de helado, la cantidad de trofeos o las calificaciones de la escuela.

Analicemos a Caín y Abel, los primeros hermanos del mundo, y una historia que causa mucha confusión y debate en círculos cristianos. Este relato no se utiliza mal tanto como se malinterpreta. Lo esencial del argumento no parece justo o correcto. ¿Por qué la ofrenda que un hermano hace a Dios es aceptada mientras la otra es rechazada? La lectura superficial plantea muchas inquietudes, lo que nos obliga a estudiar y profundizar más.

Al igual que con otras historias en la Biblia, es fundamental descubrir el contexto. Papá y mamá (Adán y Eva) cometieron una enorme equivocación y sumieron al universo y a la especie humana en un estado caído mediante su desobediencia en el huerto del Edén. Desalojados del huerto, donde la vida era fructífera y sin esfuerzo, la primera pareja es ahora expulsada del paraíso para labrar la tierra y desarrollar su propio huerto a fin de sustentarse.[1]

Antes que este pecado entrara al mundo, a Adán y Eva se les ordenó fructificar y multiplicarse (Génesis 1:28), pero esto no ocurre hasta que son desterrados del huerto, por lo que sus hijos nacen con naturaleza pecadora (y también todos los que seguirían). Dos hermanos nacen de la unión de Adán y Eva. Al primero lo llamaron Caín y al segundo, Abel. No se nos dice la diferencia de edad; incluso es posible que fueran mellizos. Lo único que sabemos del texto es esto:

> Conoció Adán a su mujer Eva, la cual concibió y dio a luz a Caín, y dijo: Por voluntad de Jehová he adquirido varón. Después dio a luz a su hermano Abel (Génesis 4:1-2).

---

1. Kenneth Mathews, *The New American Commentary, Genesis 1–11:26* (Nashville: Broadman & Holman, 1996), p. 257.

Hasta aquí todo va bien. Pero ya que la naturaleza pecaminosa se transmite, pronto se mostrará en las vidas de estos dos muchachos de cuyas infancias no se nos dice nada. Aunque tienen el mismo origen, son muy diferentes: uno agricultor, el otro pastor. Ninguna de las profesiones debería verse como superior a la otra, a pesar de que muchos que leen esta historia llegan erróneamente a tal conclusión. Sin embargo, aquí las diferentes ocupaciones son las semillas perfectas para algún tipo de rivalidad, o en este caso, constituyen una oportunidad para que surjan celos.

Pasa una cantidad de tiempo hasta que llegamos a un buen día que se malogró.

> Aconteció andando el tiempo, que Caín trajo del fruto de la tierra una ofrenda a Jehová. Y Abel trajo también de los primogénitos de sus ovejas, de lo más gordo de ellas. Y miró Jehová con agrado a Abel y a su ofrenda; pero no miró con agrado a Caín y a la ofrenda suya. Y se ensañó Caín en gran manera, y decayó su semblante (vv. 3-5).

Así que los muchachos se dedican a su trabajo y llevan el fruto de sus labores delante del Señor como ofrenda. A Dios le gusta una de ellas, pero rechaza la otra, y aquí es donde se pierde la calma. ¿Qué pasa? Caín lleva una canasta de frutos orgánicos, verduras o cereales como ofrenda, y Abel lleva carne de primera calidad. Nuevamente, ambas ofrendas serían honorables, por lo que se necesita una lectura más detallada que irradie luz sobre el tema.

Observa que Moisés (el escritor de Génesis) indica que Caín «trajo del fruto de la tierra», mientras que Abel trajo «de los primogénitos de sus ovejas, de lo más gordo de ellas». Parecería que la ofrenda de Abel era lo mejor de un animal que nunca podría volver a producir esa parte de la ofrenda (a diferencia de la cosecha de la tierra), y por tanto podría percibirse como una ofrenda más grande y costosa.[2]

¿Pudo esto a los ojos de Dios haber hecho de alguna manera inferior la ofrenda de Caín? Las Escrituras no nos relatan que Dios diera instrucciones especiales para el sacrificio, pero ¿podría también ser que Abel presentara su ofrenda en forma adecuada y Caín no? Es posible, pero eso parece conjetura, un argumento que proviene del silencio. Simplemente no se nos dan tales detalles.

¿Hay otras pistas? Sí. Me parece que esto probablemente se deba a un *asunto de corazón*. Muchos eruditos observan a fondo el Génesis y deducen que Caín estaba «absorto en sí mismo»[3] y tenía un problema de actitud, y que esto pudo haber sido a lo que Dios estaba reaccionando cuando los dos hombres le llevaron sus ofrendas. Un hermano estaba adorando de corazón, y el otro no, algo que Dios mismo puede ver, y es eso lo que a los lectores nos resulta difícil entender porque no sabemos lo que Dios sabe.

Esta conclusión recibe aún más apoyo cuando leemos el comentario sobre este hecho que viene más tarde en el Nuevo Testamento en el libro de Hebreos. Notemos cómo el escritor describe a Abel en el famoso «salón de la fe», un

---

2. Victor Hamilton señala que el texto resalta las «primicias» de Abel mientras no menciona que la ofrenda de Caín fuera de los «primeros frutos». Sin embargo, «el texto no condena a Caín por no presentar los primeros frutos». Victor Hamilton, *The Book of Genesis, Chapters 1—17: The New International Commentary on the Old Testament* (Grand Rapids, MI: William B. Eerdmans, 1990), p. 223.

3. Mathews, *New American Commentary, Genesis 1–11:26*, p. 268.

resumen de creyentes en la historia bíblica que vivieron y adoraron por fe.

> Por la fe Abel ofreció a Dios más excelente sacrificio que Caín, por lo cual alcanzó testimonio de que era justo, dando Dios testimonio de sus ofrendas; y muerto, aún habla por ella (Hebreos 11:4).

Es obvio aquí que las palabras *fe* y *más excelente sacrificio* se influyen mutuamente. Es decir, se modifican entre sí. Por haberlo hecho con fe, Abel hizo un sacrificio más excelente a la vista de Dios. Se deduce entonces que el sacrificio de Caín no fue hecho con fe o con una actitud de adoración. Por eso, Dios lo rechazó.

Así que la naturaleza de la ofrenda (sea cultivada en la tierra o tomada de los rebaños) no parece ser el problema. Este viene de lo que había en el corazón de cada individuo cuando la ofrenda fue entregada. Caín apenas estaba haciendo lo mínimo necesario; Abel estaba adorando con fe.

Esta lección impacta profundamente en las vidas de quienes hoy día afirman ser seguidores de Cristo. Algunos apenas cumplen, otros son auténticos. Hoy día hay muchos en nuestras iglesias que creen ser creyentes verdaderos, pero por desdicha no lo son. Se pueden haber criado en la iglesia todas sus vidas, por lo que suponen que son cristianos. Quizá utilicen las palabras correctas, sepan mucho de la Biblia y puedan citarla abundantemente, o tal vez se hayan dedicado a servir a otros, e incluso podrían tener un historial de dar generosamente a la iglesia. Pero a menos que sus corazones hayan cambiado, a menos que hayan «nacido de nuevo» por el Espíritu Santo a través del arrepentimiento auténtico y la fe salvadora en Jesús, pueden estar trágicamente engañándose a ellos mismos.

Este es un tema doloroso de mencionar, pero es una razón de por qué la Iglesia moderna a menudo se encuentra tan débil y por qué muchos supuestos «cristianos» en realidad no actúan como cristianos. *El evangelio de la gracia de Dios debe predicarse y enseñarse explícitamente para que los corazones desesperados tengan la oportunidad de experimentar transformación y cambio real de vida.* Debemos proclamar la verdad acerca de la vida, muerte y resurrección de Jesucristo y también la necesidad de que pecadores como tú y yo nos arrepintamos y creamos que Dios ha provisto expiación y perdón de nuestros pecados en Cristo a través de la cruz.

Pero cuando este no es el mensaje central de la iglesia, esta se debilita, la gente cree una mentira, y «apenas cumplen con las formalidades». Entonces «jugar a la iglesia» se vuelve la norma. Se convierte nada más que en un club social religioso con algunas causas humanitarias mezcladas.

Pero la Biblia es clara: solo somos cristianos cuando creemos genuinamente que somos *salvos por gracia por medio de la fe*, una fe que es auténtica y cuyo objetivo es Jesucristo; una fe que no puede falsificarse ni fabricarse. La modificación de comportamiento no nos salva, hablar «cristianés» (usar frases y términos cristianos) no nos salva, entregar dinero y servir a la humanidad no nos salva, y ser bautizados (una acción humana) no nos salva. Toda acción externa es insuficiente. Solamente la fe en el corazón, otorgada como una dádiva por el Espíritu Santo (Efesios 2:8-9), puede salvarnos. Las acciones humanas impulsadas y fortalecidas por el Espíritu proceden de eso.

Solamente el tipo de fe que se aparta del pecado y se vuelve hacia Cristo tiene el poder de transformar corazones, de llevarlos de muerte a vida, de oscuridad a luz. De otro modo, estamos perdidos y viviendo aún mediante nuestra naturaleza carnal pecaminosa. Y por religioso que pueda parecer alguien, si actúa por inercia, Dios lo sabrá.

La historia de Caín y Abel es un ejemplo perfecto de que Dios ve el corazón detrás de la «actividad religiosa». Los seres humanos vemos lo externo, pero Dios mira el corazón (1 Samuel 16:7). Él sabe quién lo ama y quiénes se aman a sí mismos. Sabe quién viene a Él por deber y no por fe.

La *falta* de fe de Caín (la fe transformadora de la que estoy hablando) no solo era evidente en su ofrenda, sino que su falta de fe y desprecio por Dios y sus mandamientos resurgió más tarde en lo que ahora conocemos como el primer asesinato relatado en la Biblia. Aunque Dios había advertido a Caín del peligro de pecar, permitió que el pecado en su corazón lo superara, y por celos y orgullo le quitó la vida a su hermano.

Cuando Dios lo llamó y le preguntó dónde estaba Abel, Caín pronunció la ahora famosa respuesta sarcástica: «¿Soy yo acaso guarda de mi hermano?» (Génesis 4:9). Así Caín, el hombre que simplemente cumplía con las formalidades en su relación con Dios, reveló su verdadera naturaleza y su verdadero carácter después que fuera «retado» por su ofrenda vacía.

En lugar de responder a Dios con arrepentimiento y fe, Caín reaccionó a su vergüenza de modo violento. Mató a su hermano, mintió respecto a su paradero y respondió sarcásticamente a Dios cuando fue llamado a rendir cuentas.

Nosotros también podemos suavizar nuestros corazones, caer a los pies del Señor en arrepentimiento, y recibir su misericordia y piedad; o podemos endurecer nuestros corazones, vivir engañándonos a nosotros mismos, y ratificar la naturaleza pecaminosa con que hemos nacido. Podemos volvernos resistentes a la autoridad de Dios y rechazarlo a Él y sus mandamientos con una actitud inclinada hacia el yo, tal como hizo Caín.

El contraste no podía ser más claro. Un hombre adora con fe mientras el otro simplemente finge hacerlo. Pero *quién eres* es mucho más importante que *lo que haces*. Lo uno es asunto del corazón; lo otro es una actividad que no tendrá valor eterno a menos que se haga con fe.

Lo que me gusta de la historia de Caín y Abel es que también nos provee un excelente ejemplo de cómo interpretar correctamente la Biblia. Aunque hay pistas en el relato de Génesis 4 acerca de por qué Dios pudo haber rechazado la ofrenda de Caín y aceptado la de Abel, podemos aprender mucho más cuando utilizamos una referencia cruzada, como la de Hebreos 11, para arrojar más luz sobre el hecho a fin de sacar algunas conclusiones adecuadas.

En realidad, la Biblia nos ayuda a interpretar la Biblia porque toda ella está tras bambalinas inspirada por el mismo autor: el Espíritu Santo. Él utilizó diferentes escritores, pero inspiró las mismas palabras en la Biblia… palabras del corazón de Dios. No fue dada por dictado divino, sino que más bien Dios usó las mismas personalidades, experiencias y expresiones de cada escritor para moldear el texto inspirado que Dios quería.

Por tanto, Hebreos 11 arroja luz sobre los acontecimientos de Génesis 4. No se nos dice que Abel presentó una ofrenda mejor sino un *sacrificio* mejor. El sacrificio de la ofrenda de Abel hecho con fe anunciaba, en última instancia, la cruz de Cristo, el sacrificio que expió nuestro pecado. Por tanto, como el escritor de Hebreos expresa correctamente, la vida y el sacrificio de Abel «aún nos habla» hoy, en el sentido de que la historia bíblica nos enseña cómo acercarnos a Dios con fe por medio de lo que se ha hecho a través del sacrificio de Cristo.

A pesar de que la historia no terminó bien para Abel (al menos en el lado terrenal), tampoco terminó bien para Caín, a quien Dios confrontó una vez más en cuanto a su pecado y le estableció graves consecuencias posteriores. Caín fue maldecido; ya no tuvo el privilegio de cultivar la tierra, la vida que le producía satisfacción. *Su pecado le robó el gozo.*

En cambio, deambuló por la faz de la tierra, alejado de la vida y llenándose de un vacío que nunca se satisfizo. De igual manera, a menos que primero se encuentren en una relación con su Creador y Redentor, las personas hoy día nunca alcanzarán verdadera satisfacción en la vida para la que fueron diseñadas.

El profesor de Antiguo Testamento y de teología Víctor Hamilton escribe sobre el destierro de Caín:

> En algunas formas este es un destino peor que la muerte. Es perder todo sentido de pertenencia e identificación con una comunidad. Es convertirse en desarraigado y desapegado. Quizá nosotros los lectores veamos en este momento a Caín no tanto como un villano sino como un personaje trágico. Caín, un ex agricultor, ha sido ahora expulsado de la civilización y se ha convertido en vagabundo. Desarraigo es el castigo, y el desierto es el refugio del pecador.[4]

4. Hamilton, *The Book of Genesis, Chapters 1–17*, p. 232.

Esta es en realidad una historia trágica. Caín está desanimado, siente la separación de Dios que produce el pecado, e irónicamente teme por su vida. Pero Dios le evita la muerte instantánea, y pone sobre Caín una marca permanente para que nadie que lo encuentre lo mate. Dios es misericordioso con Caín, aunque la marca sería un recordatorio constante de lo que este hombre había hecho.

Al concluir la narración, se nos dice: «Salió, pues, Caín de delante de Jehová, y habitó en tierra de Nod, al oriente de Edén» (Génesis 4:16). Kenneth Mathews, un erudito bíblico sobre Génesis, observa que Nod es un juego con la palabra hebrea *nād*, que significa «errante».[5] Eso hace de Caín un vagabundo errante en la «tierra de los errantes». Aunque nadie puede salir realmente de la presencia del Señor (ya que Él es omnipresente), el texto claramente sugiere que Caín está separado y alienado de su relación con Dios. En algunas maneras experimenta un infierno en la tierra. Más adelante en la Biblia, el apóstol Juan nos dirá que Caín «era del maligno», un individuo cuyas «obras eran malas, y las de su hermano justas» (1 Juan 3:12). Nada podía ser más triste que pertenecer al maligno, o Satanás.

Pero esta es la realidad para quienes no adoran de corazón al único Dios verdadero. Debemos superar la idea de que las personas están seguras simplemente por parecer religiosas y actuar en consecuencia, por hacer deberes religiosos, o por parecer íntegras y morales. Todos necesitamos el evangelio para librarnos del pecado, así como la fe que lleva a vida eterna. Cualquier otra cosa es simplemente cumplir con formalidades, y vivir de ese modo es vivir lejos de la presencia del Señor.

5. Mathews, *Genesis 1–11:26*, p. 278.

Así que andemos por fe para vivir como agrada a Dios y ofrecernos en acción de gracias al Señor. Esa es la clase de vida que todavía habla hoy.

CAPÍTULO 4

Jonás y el gran pez

«La salvación es de Jehová».

—Jonás 2:9

Si hay una historia en la Biblia que ha captado la imaginación de los niños en todas partes, ha sido la de Jonás. Innumerables libros con imágenes, rompecabezas y Biblias infantiles han ilustrado cómo el profeta Jonás huyó de Dios y fue tragado por un gran pez. Entonces, desde el vientre del pez (¿una ballena?), se arrepintió de su pecado, fue escupido en tierra firme, y vivió para tener un exitoso ministerio de predicación.[1]

Incluso para los adultos hay mucho que les gusta respecto a la historia de Jonás: aventura, barcos, tormenta, un enorme pez, un profeta rebelde fugitivo, entrañas y suciedad, un rescate milagroso y un final dramático. Pero más que eso, cuando

1. La Biblia no dice que Jonás fuera tragado por una ballena, aunque esta podría ser el candidato más probable basado en nuestro actual conocimiento marítimo.

miras más de cerca la narración, es poderosa, y yo diría que contiene el amor redentor de Dios escrito en toda ella.

Pero a menudo la historia de Jonás se malinterpreta porque el énfasis principal se pone en el lugar equivocado. El tema principal no es un pez, la ciudad de Nínive, y créelo o no, ni siquiera es Jonás. La historia de Jonás es acerca de Dios y su amorosa piedad y misericordia; su incansable búsqueda de pecadores como tú y yo.

El libro de Jonás es uno de los doce libros en el Antiguo Testamento que llamamos los Profetas Menores; libros que incluyen Oseas, Amós, Joel, Miqueas y Malaquías. Aunque se les llame «profetas menores», no hay nada menor en cuanto a ellos. Sus profecías solo son menores *en extensión* al compararlas con los Profetas Mayores más largos como Isaías, Jeremías o Ezequiel. En cuanto a Jonás, podría sorprenderte saber que este no es el único lugar en la Biblia en que sabemos respecto a él. Primero se le menciona como un profeta de Dios en el libro de 2 Reyes, donde profetizó con éxito ante el rey de Israel diciendo que debían fortificar las fronteras del reino a fin de evitar un ataque enemigo.

Y la Biblia dice que el Señor salvó a Israel del ataque porque el rey escuchó la profecía de Jonás. Por tanto, Jonás fue un profeta legítimo de Dios. Incluso el historiador judío Josefo rastrea la vida y el ministerio de Jonás en la historia judía. Pero aunque esto no fuera suficiente, la credibilidad de Jonás como profeta histórico verdadero la confirma nada menos que Jesucristo. Al hablar de su futura muerte y resurrección, Jesús declaró: «Como estuvo Jonás en el vientre del gran pez tres días y tres noches, así estará el Hijo del Hombre en el corazón de la tierra tres días y tres noches» (Mateo 12:40).

Por tanto, incluso Jesús confirmó la naturaleza histórica de esta narrativa, y no podemos descartarla simplemente como una fábula ya que Jesús vinculó aquí en Mateo la promesa de su propia muerte y resurrección históricas con la historicidad del relato de Jonás. Esta narración objetiva del Antiguo Testamento sirvió como un hecho que anunció el propósito de la misión de Cristo para morir y resucitar.

Pero aunque te resulte difícil creer que un pez se tragara a un hombre, y que este vivió allí durante tres días y tres noches, permíteme recordarte que la Biblia es un libro sobrenatural acerca de un Dios sobrenatural que hace cosas sobrenaturales. Recuerda que Jesús resucitó de los muertos, y en Génesis 1, de la nada Dios creó al mundo. Formar una bolsa de aire para que un hombre sobreviva dentro de un gran pez no parece difícil comparado con esas cosas.

A Jonás se le dio una misión, un llamado. Fue llamado por Dios en el siglo VIII a.C. para predicar un mensaje de arrepentimiento a un grupo de asirios en la ciudad de Nínive, el *archienemigo* de los israelitas. Pero esto no le sentó bien a Jonás.

Él odiaba a los asirios, quienes eran paganos malvados que constantemente hacían la guerra contra el pueblo escogido de Dios, los israelitas. En la mente de Jonás, los asirios eran individuos inmundos, inmorales y hedonistas que no tenían ningún respeto por el único Dios verdadero. ¿Por qué entonces Dios le daba una oportunidad de misericordia al pueblo que merecía el juicio? Y si Dios era compasivo con los asirios, ¿significaba esto que había renunciado y vuelto la espalda a los israelitas? De cualquier modo, Jonás no quería tener nada que ver con la misión dada por Dios.

Por eso el profeta se fue en dirección opuesta. El texto

dice que se dirigió al puerto de Jope e intentó abordar un barco hacia la antigua ciudad de Tarsis a fin de «huir de la presencia de Jehová» (1:3). Pero como profeta de Dios, debió haber actuado mejor. Ningún hombre puede escapar a la presencia de Dios. Pero una vez más, Jonás no pensaba con claridad. Solo pensaba en sí mismo.

Es más, podríamos incluso sugerir que Jonás estaba enojado con Dios, por lo que decidió ser abiertamente rebelde y desobediente, lo que nuestra naturaleza humana tiende a hacer cuando nos desilusionamos de Dios. Él sabía lo que debía hacer, pero no lo hizo, lo cual es pecado (Santiago 4:17).[2] Por tanto, subió a un barco que se dirigía a una tierra extraña, y sin duda esto también le resultó extraño.

Debió haberse dicho: «No pertenezco aquí». Y en la misma manera hoy día, si miramos un sitio repugnante en computadora, o si vemos una película sucia, o si nos encontramos sentados con un grupo de gente que chismea respecto a otras personas, deberíamos decirnos: «No pertenezco aquí», y entonces hacer algo al respecto.

Sin embargo, de todos modos Jonás abordó el barco y zarpó. Pero Dios lo persiguió porque de eso se trata la Biblia: de la gracia radical y persistente de Dios en medio de la rebelión. Dios envió una gran tormenta al barco, tan poderosa que los experimentados marineros tuvieron miedo y comenzaron a clamar por ayuda a sus dioses. No obstante, nada de esto pareció preocuparle a Jonás, ¡porque se fue a

2. Me pregunto si hay algo en tu vida sobre lo que Dios ha estado sentenciando tu espíritu, pero tal vez no estés escuchando, o peor aún, quizá no estás dispuesto a oír. Sin embargo, Dios no se irá. Jonás sabía lo que era correcto, y no lo hizo. Mi esperanza es que escuchemos a Dios cuando llega la condenación, a fin de que no terminemos en el fondo como Jonás.

dormir a la parte baja del barco sin importarle un comino lo que pasaba!

No podemos dejar de notar la dirección descendente de Jonás en este momento. El texto dice que Jonás «*descendió* a Jope» (1:3), y luego *bajó* al interior de la nave, y se *echó* a dormir. Parece que todo el tiempo continuó en esta espiral descendente, y si algo no cambiaba pronto, el barco también iba a descender. El pecado no te levanta, solo te derriba, y Jonás estaba yéndose por el drenaje.

Pero el capitán lo despertó y en esencia le dijo: «¡Levántate, holgazán! ¡Vamos a morir! Clámale a tu Dios. Nosotros estamos clamando a los nuestros. ¡Ojalá uno de estos dioses nos oiga y nos salve!». Pero Jonás sabía por qué estaba ocurriendo esto. Él tenía la culpa. Y cuando los marineros también lo descubrieron, le exigieron una respuesta.

Aquí es donde otra vez Jonás mismo testificó del único Dios verdadero, vivo y todopoderoso.

> Él les respondió: Soy hebreo, y temo a Jehová, Dios de los cielos, que hizo el mar y la tierra. Y aquellos hombres temieron sobremanera, y le dijeron: ¿Por qué has hecho esto? Porque ellos sabían que huía de la presencia de Jehová, pues él se lo había declarado (Jonás 1:9-10).

Jonás admite que está huyendo del «Dios de los cielos, que hizo el *mar* y la *tierra*». Está huyendo del único Dios verdadero, que es soberano sobre las tormentas porque es el Hacedor de la tierra y el mar. Está huyendo de Dios, quien continuamente persigue a Jonás incluso en medio de su rebelión. Esto aterroriza aún más a los marineros porque comprenden que todo sucede por causa de Jonás.

Pero en vez de arrepentirse de su rebelión y pecado al

instante, Jonás concluye sorpresivamente que antes preferiría morir, y le indica a los marineros que lo lancen por la borda y se aquietará el mar porque todo es culpa suya. Desdichadamente, su orgullo y vergüenza le han impedido regresar a Dios, un tema conocido por muchas personas que una vez afirmaron caminar con Dios pero que al parecer se alejaron.

Jonás está disgustado con Dios, con los ninivitas y consigo mismo. Así que prefiere morir. Pero los marineros no creen que matar a un seguidor del Dios soberano del mar sea buena idea, así que luchan desesperadamente por volver a tierra, sin ningún resultado.

Más bien rápidamente, ellos mismos han llegado a temer al Señor, deciden hacer caso a Jonás, y lo lanzan por la borda. Pero antes de hacerlo le ruegan a Dios que no los castigue. Ven a sus dioses como inútiles, pero al Dios de Jonás como un Dios de acción. Es sorprendente que ellos tengan una reverencia más sana por Dios que Jonás.

> Y tomaron a Jonás, y lo echaron al mar; y el mar se aquietó de su furor. Y temieron aquellos hombres a Jehová con gran temor, y ofrecieron sacrificio a Jehová, e hicieron votos (Jonás 1:15-16).

¡Qué contraste! Al profeta no le importó lo que pasaba, pero a un grupo de marineros paganos sí le importó. Un hombre se negó a temer al Señor, pero todo un grupo de forasteros obtuvo un nuevo temor que los llevó a adorar. Por suerte para Jonás, Dios todavía no ha terminado con él. Dios lo sigue persiguiendo aunque Jonás se rebela hasta querer morir.

La verdad sea dicha, Jonás debió tomar una decisión. O haría las cosas a la manera de Dios o a la suya propia, y escogió lo último. ¿A dónde fue a parar? Al interior de un pez. «El SEÑOR, por su parte, dispuso un enorme pez para que se tragara a Jonás, quien pasó tres días y tres noches en su vientre» (v. 17, NVI).

Mira ahora de cerca ese versículo. ¿Qué te llama la atención? Por supuesto que vemos lo milagroso: un pez se traga a un hombre, y este logra sobrevivir en el vientre durante tres días y tres noches. ¿Pero qué más ves? ¿Qué tal las palabras *«El Señor… dispuso»*? Imagina la sensación de ser lanzado por el costado de un barco en medio de una feroz tormenta. Una vez más, Jonás *desciende*, esta vez a las profundidades del mar. Pero aquí encuentra de nuevo la gracia de Dios, porque «El Señor, por su parte, dispuso un enorme pez para que se tragara a Jonás».

Primero Dios *dispuso* que Jonás fuera profeta. Luego *dispuso* que Jonás fuera a predicar a los ninivitas. Pero Jonás se fue para otra parte. Así que Dios *dispuso* una tormenta para intervenir en medio de la rebelión de Jonás, y ahora *dispuso* un gran pez para que fuera parte de la ecuación. El Dios soberano de la tierra y el mar tiene misericordia ilimitada.

Cuando se trata del plan de Dios para nuestras vidas, a veces tenemos que llegar al final de nosotros mismos. Y allí es exactamente donde Dios permitió que fuera Jonás, quien se hallaba al final de su cuerda. Estaba en el fondo del *océano*, en el estómago de un pez. De ahí no puedes ir a otra parte que no sea hacia arriba.

Imagina ahora la oscuridad y el lugar mugriento, horrible y pútrido que Jonás debió soportar: peces masticados, calamares podridos… Y esto no sucedió durante unas horas sino durante tres días y tres noches, lo cual sabemos que anuncia el tiempo que Cristo pasó por nosotros en la tumba.

Así que aquí está Jonás en total oscuridad, y Dios está dándole tiempo para resolver las cosas y experimentar las consecuencias de su propia penumbra, por valor de tres días y tres noches. Aunque es difícil ver a nuestros seres queridos en este lugar, a veces es lo que debe suceder antes que haya un cambio radical.

Por último, después que Jonás intenta huir de la presencia de Dios, es en el vientre de un pez que ve realmente la presencia divina. Se nos informa que «entonces oró Jonás a Jehová su Dios desde el vientre del pez» (Jonás 2:1). Esta es una oración de realidad seria. Jonás está agobiado, en el umbral de la muerte, lo cual sabe que merece. Sin embargo, recuerda el carácter de Dios. Conoce la misericordia divina. Cree en un Dios que contesta la oración, y por tanto tiene esperanza. Según Jonás escribe en su libro, al recordar lo que pasó ese día, esto es lo que declara:

> Invoqué en mi angustia a Jehová, y él me oyó; desde el seno del Seol [el reino de la muerte] clamé, y mi voz oíste. Me echaste a lo profundo, en medio de los mares, y me rodeó la corriente; todas tus ondas y tus olas pasaron sobre mí. Entonces dije: Desechado soy de delante de tus ojos; mas aún veré tu santo templo. Las aguas me rodearon hasta el alma, rodeóme el abismo; el alga se enredó a mi cabeza. Descendí a los cimientos de los montes; la tierra echó sus cerrojos sobre mí para siempre; mas tú sacaste mi vida de la sepultura, oh Jehová Dios mío. Cuando mi alma desfallecía en mí, me acordé de Jehová, y mi oración llegó hasta ti en tu santo templo (vv. 2-7).

¿Captas lo que Jonás dijo: «Me *echaste* a lo profundo»?

Un momento. ¿Quién lo echó al mar? Los marineros, ¿verdad que sí? Pero vemos que Jonás reconoce la soberanía divina detrás de las acciones libres de los hombres pecadores, tal como Dios puso soberanamente a Jesús en la cruz a través de las acciones de Pilato, los romanos y los judíos. La humanidad se rebela, pero Dios obra todo para el bien de los que son los «llamados», los que conocen la salvación del Señor (ver Romanos 8:28).

Jonás también comprendió que incluso frente a su muerte inminente, siempre había motivo para esperar porque sabía que tenía un Dios que oye y contesta la oración. Su clamor a Dios fue escuchado, y el Señor le devolvió la vida desde el «abismo». Aunque se le desvanecía la vida a Jonás, el plan de Dios era rescatar*lo* de su rebelión antes que pudiera llevar compasión a los ninivitas.

Jonás entra en razón respecto a su orgullo, y manifiesta:

> Los que siguen vanidades ilusorias, su misericordia abandonan. Mas yo con voz de alabanza te ofreceré sacrificios; pagaré lo que prometí. La salvación es de Jehová (vv. 8-9).

Orgullo, arrogancia e ira eran las vanidades que invadían la vida de Jonás y tenían prioridad sobre Dios y su voluntad. La Nueva Versión Internacional las llama «ídolos vanos». Esto es cierto para cualquier adorador pagano que adora ídolos reales, o para cualquier creyente con temor a Dios que permite que las cosas del mundo o las de sí mismo se interpongan en su relación con Dios.

Jonás entiende mejor las cosas. Finalmente tiene un cambio de corazón (al menos así parece en este momento), y da gracias y adora al Señor con un voto, reconociendo que «la salvación es de Jehová». Y por orden del Señor, el pez vomita al hombre en tierra firme.

Quizá un poco aturdido pero definitivamente agradecido por estar vivo, Jonás ahora está libre de su prisión (la prisión del pez y la prisión de su pecado). Una vez más, Dios le ordena ir a predicar a Nínive. Aún no le ha dicho qué decir, pero le manda que vaya, porque Dios a menudo decide revelar su voluntad total *cuando le obedecemos*, así como Abraham debía *ir* a la tierra que Dios le mostraría pronto.

Por tanto, al principio del libro vemos que Jonás en su rebelión «se levantó para huir... a Tarsis» (1:3). Pero esta vez vemos que «se levantó... y fue a Nínive» (3:3). Ahora obedece. Y cuando llega, recibe el mensaje del Señor que es claramente una *promesa condicional* para los ninivitas: «De aquí a cuarenta días Nínive será destruida» (3:4).

El número *cuarenta* es significativo, porque a menudo se le asocia con juicio. Recordarás que cuando Noé construyó un arca, llovió durante cuarenta días y cuarenta noches mientras Dios destruía a la humanidad y juzgaba el pecado en la tierra. Los israelitas estuvieron en el desierto cuarenta años debido a su rebelión contra Dios, y ninguno de esa generación, a excepción de dos, entró a la tierra prometida. Por tanto, «de aquí a cuarenta días Nínive será destruida» es una advertencia bastante seria.

Pero observa que, de alguna manera, en esto está *implícita* para los ninivitas la orden de arrepentirse. En cuarenta días Nínive será destruida... (así que... *¿debían arrepentirse*?). Lo que me desconcierta es que Jonás no les dice que se arrepientan. No ofrece perdón. Básicamente expresa: «Ustedes van a desaparecer».

No puedo dejar de preguntarme si aquí vemos más de la actitud inicial de Jonás. Recuerda que él odiaba a los ninivitas. Así que tal vez había alguna alegría secreta en poder decir que Nínive estaba a punto de ser destruida. ¿Había cambiado realmente su corazón si la idea de arrepentimiento no estaba explícita sino simplemente implícita?

Jonás obedece a Dios, pero no parece que su corazón hubiera cambiado de veras. Sin embargo, Dios aún utiliza pecadores que estén dispuestos a hablar por Él. Y para mérito de Jonás, aquí *está* hablando de parte de Dios. Lo que sucede a continuación es quizá el mayor milagro de todo el libro: «Los hombres de Nínive creyeron a Dios, y proclamaron ayuno, y se vistieron de cilicio [una señal de arrepentimiento] desde el mayor hasta el menor de ellos» (3:5).

Jonás no les dijo que se arrepintieran, pero los ninivitas lo hicieron de todos modos. Oyeron el mensaje de Dios en la voz de Jonás. Lo único que el profeta debió hacer fue abrir la boca, y la palabra de Dios hizo el resto, porque hay poder intrínseco en lo que pronuncia Dios. No te preocupes por ser un maestro bíblico brillante. No te preocupes por tener todas las respuestas correctas y los mejores argumentos. Solo habla, y la Palabra de Dios hace lo suyo. Pero el milagro no ha acabado. Observa esto:

> Llegó la noticia hasta el rey de Nínive, y se levantó de su silla, se despojó de su vestido, y se cubrió de cilicio y se sentó sobre ceniza. E hizo proclamar y anunciar en Nínive, por mandato del rey y de sus grandes, diciendo: Hombres y animales, bueyes y ovejas, no gusten cosa alguna; no se les dé alimento, ni beban agua; sino cúbranse de cilicio hombres y animales, y clamen a Dios

> fuertemente; y conviértase cada uno de su mal camino, de la rapiña que hay en sus manos. ¿Quién sabe si se volverá y se arrepentirá Dios, y se apartará del ardor de su ira, y no pereceremos? (3:6-9).

Sorprendentemente, al rey de Nínive le cautiva tanto el mensaje de Dios a través de Jonás que hasta pide que los animales sean cubiertos en señal de arrepentimiento. No sé cómo conseguir que las vacas se arrepientan, o por qué. Quizá estaban produciendo leche descremada, y era hora de que dieran leche entera de nuevo. (No pude resistirme).

Creo que el rey de Nínive intentaba considerar todas las posibilidades. El gran rey de esta gran ciudad escucha el mensaje de Dios, y todo el lugar queda reducido a cilicio y cenizas.

Se humillaron, abandonaron su orgullo, dejaron sus malos caminos, renunciaron a la violencia y se arrepintieron al instante. Bueno, ¡ese es un milagro forjado por la palabra de Dios! Quedaron atrapados por la santidad de Dios mientras simultáneamente veían su pecado. Por tanto, se arrepintieron, lo cual implica una tristeza sentida de corazón por causa del pecado, una renuncia al pecado, y un propósito sincero de olvidarlo y caminar en obediencia a Cristo.[3] Luego se nos dice esto: «Vio Dios lo que hicieron, que se convirtieron de su mal camino; y se arrepintió del mal que había dicho que les haría, y no lo hizo» (3:10).

Éxito. El éxito ministerial hoy día no debería medirse por el tamaño del edificio o de la multitud, sino por el cambio

---

3. Wayne Grudem proporciona esta útil definición de arrepentimiento en su *Teología sistemática: Una introducción a la doctrina bíblica* (Miami, FL: Editorial Vida, 2007), p. 748.

de corazón en personas y vidas a través del mensaje de arrepentimiento y fe.

El mensaje de Dios por medio Jonás fue poderoso, y creerías que Jonás se habría emocionado de ser un mensajero exitoso de Dios, pero no es eso lo que vemos.

> Pero Jonás se apesadumbró en extremo, y se enojó. Y oró a Jehová y dijo: Ahora, oh Jehová, ¿no es esto lo que yo decía estando aún en mi tierra? Por eso me apresuré a huir a Tarsis; porque sabía yo que tú eres Dios clemente y piadoso, tardo en enojarte, y de grande misericordia, y que te arrepientes del mal. Ahora pues, oh Jehová, te ruego que me quites la vida; porque mejor me es la muerte que la vida (4:1-3).

Una vez más, ¡Jonás preferiría morir! ¿Tiene esto algún sentido? Ahora estamos viendo el *verdadero corazón* de Jonás. En primer lugar, nunca quiso que los ninivitas se arrepintieran. Quería que fueran juzgados. Aquí Dios estaba actuando fuera de lo normal, y a Jonás no le gustó. ¿Por qué?

Porque Jonás tenía prejuicios, era egoísta y estaba engañado. No parecía darse cuenta de que tampoco era digno de la misericordia divina. Estaba demasiado hinchado para eso. Se enorgullecía de ser un profeta de Dios. Amaba su herencia nacional como israelita. Es más, regresemos y veamos las primeras palabras que Jonás pronunció en este libro: «Les respondió [a los marineros]: Soy hebreo» (Jonás 1:9).

¡Soy hebreo! ¿Me ven? Hola todos, soy hebreo. A Jonás parecía gustarle demasiado su identidad. Y los ninivitas son asirios, no hebreos.

Parece que Jonás habría sido un fariseo muy bueno del

Nuevo Testamento. Orgulloso de su condición religiosa y de lo que estaba por fuera, pero por dentro era otro.

Uno de mis predicadores favoritos, James MacDonald, cuenta la historia del muchacho que llegó un día a la clase, y cuando el maestro les dijo a todos que se sentaran, el chico se negó a hacerlo.

—Siéntate por favor —pidió el maestro.

—No —contestó el muchacho.

—Joven —ordenó el maestro—, siéntate ahora mismo.

—¡No! —volvió a exclamar el chiquillo.

Entonces el maestro se acercó y empujó al rebelde, obligándolo a sentarse. El muchacho lo miró hacia arriba.

—Puedo estar sentado por fuera, pero por dentro todavía estoy parado.

¡Así era Jonás! No estaba de acuerdo con el modo en que Dios estaba haciendo las cosas. Pudo haber aceptado ir a predicar, pero en su corazón seguía siendo rebelde. Nada había cambiado, lo que nos hace preguntar qué le sucedió realmente en el capítulo 2, cuando recitó esa maravillosa oración en el vientre de un pez.

Con clamor a Dios, al parecer entrando en razón, Jonás agradece, hace una promesa y correctamente exclama: «¡La salvación viene del SEÑOR!» (2:9, NVI). Está humillado y listo para hacer la voluntad de Dios. Pero luego todo eso parece un montón de deseos, nada más que palabras vacías. El verdadero arrepentimiento y la verdadera fe llevan fruto. Irónicamente, Jonás es un profeta, llamado a traer un mensaje de arrepentimiento, pero él mismo se niega a arrepentirse. Preferiría morir porque Dios no cumplió con las expectativas del rebelde. Pero el Señor lo confronta: «¿Haces tú bien en enojarte tanto?» (4:4).

Jonás no responde. Simplemente se aleja y se aísla. Cuando las personas están enojadas con Dios y desilusionadas, tienden a distanciarse. Jonás agarra el balón y se va a casa, por así decirlo. Sale de la ciudad, se hace un refugio, y se sienta, inútilmente, esperando ver si por alguna casualidad la ciudad resulta juzgada.

Pero la misericordia de Dios para con Jonás sigue siendo abundante. El Señor *dispone* que una planta crezca durante la noche para dar sombra a la cabeza del profeta, lo cual lo alegra en forma temporal. Pero luego el Señor *dispone* que un gusano se coma la planta hasta marchitarla. El sol cae sobre Jonás, quien una vez más pide la muerte.

Dios le vuelve a preguntar qué derecho tiene para estar enojado, y Jonás contesta que está tan enojado como para morirse.

> Y dijo Jehová: Tuviste tú lástima de la calabacera, en la cual no trabajaste, ni tú la hiciste crecer; que en espacio de una noche nació, y en espacio de otra noche pereció. ¿Y no tendré yo piedad de Nínive, aquella gran ciudad donde hay más de ciento veinte mil personas que no saben discernir entre su mano derecha y su mano izquierda, y muchos animales? (4:10-11).

Observa las últimas palabras: «Y muchos animales». Es como si Dios estuvieran diciendo: «Jonás, yo soy un Dios compasivo. Me importa todo lo que he hecho. Incluso los ninivitas. Incluso los animales. Y tendré misericordia de quien yo tenga misericordia». (Ver también Romanos 9:15).

Dios concede gracia vez tras vez a personas que no la merecen. Te agradezco, Señor, porque apartados de esa gracia no seríamos nada.

Aquí es donde termina el libro de Jonás. No hay capítulo 5. Y nos quedamos con un profeta que según parece no está reconciliado con Dios. Pero recuerda que esta historia no es acerca de Jonás, sino de la infinita misericordia y gracia de Dios, un Dios que va tras nosotros. Se trata de un Dios que organiza, dispone y resuelve soberanamente los detalles de la vida de su pueblo, las vidas de los que toman decisiones voluntarias, decisiones que Dios aún puede utilizar para su gloria y para nuestro bien por malas que parezcan.

Pregúntate entonces: ¿Es mi vida acerca de mí? ¿De mi comodidad? ¿He puesto a Dios en una caja para que cuando se «salga de la raya», yo tienda a enojarme, aislarme e irme? O caigo delante de Él, y con todo mi ser lo adoro, me rindo y declaro: «¡Eres un Dios maravilloso! Eres un Dios compasivo y misericordioso, tardo para la ira y abundante en amor inquebrantable».

Esta no es tu historia común de peces, porque al final no se trata en absoluto de un pez. Tampoco se trata de Jonás. Tiene que ver con Dios.

CAPÍTULO 5

La mujer sorprendida en adulterio

«Vete, y no peques más».

—Juan 8:11

Si hay algo en que los seres humanos pecadores somos buenos, es en justificar el pecado. Considera por ejemplo ese pastel de chocolate delante de ti. Quizá creas que una Coca Cola dietética o un café con leche descremada podrían cancelar las calorías en ese pastel. ¡Un momento! Sin duda estoy siendo un poco tonto, pero cuando se trata de personas que intentan salirse con algo, podemos fabricar las mejores excusas; es más, nos hemos vuelto expertos en eso. Somos reyes y reinas de la racionalización.

Hasta culpamos a otros por nuestros defectos. Cuando Adán pecó en el huerto del Edén, primero culpó a Dios y luego a Eva por su propio pecado. Fue rápido en «traicionar» antes de estar dispuesto a admitir que era responsable por desobedecer a Dios. Y cuando se trata de nuestro pecado, por naturaleza podemos estar muy a la defensiva para evitar vergüenza.

Es una realidad que todos somos pecadores. Pablo nos recuerda en Romanos: «*Todos* han pecado y están privados de la gloria de Dios» (3:23, NVI). Por tanto, el campo de juego es bastante nivelado. Pero otra cosa es decir: «todos somos pecadores» en un intento de descartar o evitar cualquier responsabilidad por nuestro pecado, y a menudo es lo que hacemos.

Si nos confrontan con nuestro pecado, no es una excusa aceptable culpar a otro, sacar la tarjeta de «nadie es perfecto», o incluso justificarnos diciendo: «Es que soy humano».[1] Todas esas técnicas para esquivar el pecado no tratan con la realidad de que estamos mancillados con corazones pecadores que necesitan perdón y misericordia. Aún estamos enganchados.

Desdichadamente, una popular historia bíblica también se ha utilizado como escudo para pecar; proviene de Juan 8.[2] Sin duda es una narración incómoda, porque empieza

1. Curiosamente, esta supuesta excusa para pecar («Solo soy humano») es inapropiada. Jesús fue totalmente humano, pero no pecó (Hebreos 4:15). Además, antes de la caída, tanto Adán como Eva no tenían pecado y correctamente se les consideraba humanos completos. Por tanto, la frase «solo soy humano» simplemente es una excusa para una vida pecadora en un mundo caído. Porque en el nuevo cielo y la tierra nueva, cuando seamos moralmente perfectos y hayamos recibido nuestros cuerpos glorificados y resucitados, seremos totalmente humanos en el sentido ideal.

2. Hay más de una controversia alrededor de esa narración. Muchos cuestionan si fue parte de las Escrituras originales o si más tarde la añadió algún escriba y no el mismo Juan. La historia no se encuentra en muchos manuscritos antiguos. Además, las palabras y el vocabulario usados no parecen de Juan, aunque este no es un descalificador automático. Muchos de los padres de la iglesia primitiva en los siglos

con una mujer que «ha sido sorprendida en el acto mismo de adulterio» (8:4). No se ofrecen más detalles, y quizá eso es lo mejor. Los escribas y fariseos la llevan delante de Jesús y la colocan en el centro de su círculo. Preguntan a Jesús acerca de lo que debería sucederle a la mujer, ya que la ley de Moisés en el Antiguo Testamento establece que esa persona debe ser apedreada (Levítico 20:10; Deuteronomio 22:23-24). Esto puede parecer demasiado duro, pero fue la ley para la nación de Israel, ya que Dios quería que su pueblo fuera puro y estuviera separado de las prácticas paganas de los cananeos.[3]

Pero Jesús sabía que las motivaciones de los escribas y

---

posteriores a la iglesia primitiva tampoco citaron o comentaron este pasaje. Aun así, incluso tras todo esto, el peso de la evidencia indica que la historia es auténtica porque se ajusta al flujo literario del libro de Juan, y parece caracterizar a Jesús en una manera coherente con el resto del libro. Según su comentario, William Hendriksen establece que un discípulo de Juan llamado Papías pudo haber autenticado esta historia, porque dentro de las páginas del libro del antiguo historiador Eusebio, *Historia eclesiástica*, declara: «El mismo escritor (Papías) ha explicado otro relato acerca de una mujer acusada ante el Señor de muchos pecados». *Historia eclesiástica*, III, xxxix, 17, en Hendriksen, *Juan: Comentario al Nuevo Testamento* (Grand Rapids, MI: Libros Desafío, 1981), p. 239. Hendriksen también declara que Agustín, en el siglo IV, «[afirmó] concretamente que ciertas personas habían quitado de sus [códices] la sección referente a la adúltera, porque temían que las mujeres recurrirían a este relato como excusa para su infidelidad» (*ibíd.*).

3. La Biblia dice que «la paga del pecado es muerte», por lo que es prerrogativa de Dios decidir cuándo y cómo ejecutar esta sentencia. El hecho de que a menudo sea paciente con nosotros, pues quiere que nos arrepintamos, es en sí un acto de su misericordia. Apedrear era el castigo escogido de Dios en esa época, en un esfuerzo por resaltar ante su pueblo la absoluta santidad del carácter divino y la necesidad que ellos tenían de mantenerse limpios del pecado, en particular de los pecados de los vecinos adúlteros cananeos. Obviamente, esto servía como elemento de disuasión.

fariseos estaban contaminadas. En realidad no estaban interesados en la justicia verdadera según la ley. De otro modo, también habrían llevado al hombre. Juan mismo incluso afirma que «esto decían tentándole, para poder acusarle» (Juan 8:6).

¿Acusar a Jesús de qué? De nada. Querían meter a Jesús en problemas. Creyeron que si el Señor decía no a la lapidación, sería culpable de violar la ley de Moisés. Pero si Jesús hubiera estado de acuerdo y hubiera insistido en la lapidación, los escribas y fariseos lo habrían puesto en contra de la ley romana local, porque los romanos guardaban con celo sus leyes que afirmaban que solo ellos tenían la autoridad exclusiva de ejecutar pena de muerte. En cualquier situación, creyeron que habían atrapado a Jesús.

Así que no fueron tras la mujer, por culpable que pudiera ser. En realidad fueron tras Jesús. Pero hay buenas nuevas para ella por haberla llevado ante Jesús. La ley del Antiguo Testamento era débil en que traía mucha culpa pero ofrecía poca o ninguna piedad; pero todo eso cambiaría con la venida de Jesús, el hombre de quien Juan dijo que estaba «lleno de gracia y de verdad» (1:14).

En lo que es el único momento registrado en que Jesús escribe, se inclina y con el dedo garabatea algo en la tierra. No sabemos qué escribió, y sería simple especulación suponer, pero ciertamente elevó la dramática tensión de la escena. Quizá ellos creyeron que Jesús estaba dando evasivas, así que persistieron y lo presionaron a dar una respuesta.

La contestación de Jesús fue brillante. No refutó la ley del Antiguo Testamento ni excusó el pecado de la mujer, y tampoco se puso contra las leyes de los romanos. Respondió: «Aquel de ustedes que no tenga pecado, que le tire la primera piedra» (Juan 8:7, DHH). Luego, Jesús volvió a inclinarse y a escribir más.

Si las palabras en el suelo no fueron acusación escrita para ellos, las propias palabras que Jesús les dijo seguramente lo fueron. Uno a uno, empezando primero con los mayores, los escribas y fariseos comenzaron a irse. Estos hombres sin gracia se enfrentaron con la realidad de que también la necesitaban, y Jesús les quitó el protagonismo. No tuvieron nada más que decir, como si Jesús les hubiera robado sus argumentos.

Lo irónico es que Jesús les resistió las motivaciones que tenían por un pecado aún más grande. En el celo de ellos por condenar a esta mujer no vieron que su deseo de dar muerte a Jesús (un hombre sin pecado) sería el pecado mayor. Pero no estaban interesados en ser confrontados por sus propios pecados pasados o presentes, por lo que el escenario se despeja hasta que solo quedan Jesús y la mujer.

Pero aquí es donde mucha gente olvida leer el resto de la historia. Algunos simplemente se detienen en este punto y señalan: «Mira, todos somos pecadores, así que nadie tiene el derecho de juzgarme o pedirme cuentas (o pedirlas a otro)». Pensar o decir eso es estar muy equivocados.

Es verdad que la mujer necesitaba misericordia, pero también necesitaba una dosis de verdad. De nuevo, ella está delante de la persona correcta, el hombre de gracia y verdad. Jesús le pregunta primero si queda alguno de los que la acusaban, y la mujer responde: «Ninguno, Señor».

Observa esto. Ella llama Señor a Jesús. Esa es una señal positiva pues reconoce la autoridad de Él sobre ella. Al final, esto muestra lo que todos tenemos que experimentar: estar delante del Señor como pecadores en necesidad de su gracia. Y gracia es lo que la mujer recibió. Los acusadores que intentaban condenarla a muerte se habían ido; no quedó nadie para hacerlo.

Y en un momento de profunda compasión, Jesús mismo declara: «Ni yo te condeno». Ahora no era el momento de la condena, sino de la gracia. Ahora era el momento de la misericordia del Señor («el año agradable del Señor», Lucas 4:19). Su primera venida tuvo que ver con la salvación del pecado, mientras que su segunda venida tendrá que ver con el juicio al pecado, el juicio para los que se niegan a arrepentirse y creer en Él.

Pero aunque Jesús no condenó a la mujer, tampoco la absolvió. Exigió arrepentimiento. Si ella iba a recibir perdón, debía arrepentirse, y demostrar ese arrepentimiento es parte de una vida continua de obediencia. Por tanto, Jesús declara enfáticamente: «Vete, y no peques más».

Así, es... son palabras que no permiten que alguien viva tras un escudo para seguir pecando. En realidad, son palabras de vida, otra oportunidad para vivir libres de la esclavitud del pecado. Pero también requieren algo de nosotros. Todos debemos aceptar el hecho de que somos pecadores, pero no podemos usar esa idea como un medio para excusarnos o descartar nuestra responsabilidad. Al contrario, el hecho de que seamos pecadores debería impulsarnos hacia una necesidad importante y personalmente sentida por la gracia.

A menudo la gente no lo comprende, pero la convicción de pecado es realmente parte del regalo de Dios para nosotros. Podríamos no sentirla como un regalo. Podría hacernos sentir horrible al principio, pero es parte del proceso por el cual Dios nos libera de la esclavitud, mientras nos conduce a la libertad de su gracia. Por otro lado, el Espíritu Santo que nos convence es el mismo Espíritu que nos libera y nos limpia, trayéndonos alegría refrescante. Jesús murió no solo para perdonar nuestros pecados, sino también para liberarnos *de* ellos.

Es muy fácil justificar, culpar a otra persona o encontrar una excusa para nuestros pecados a fin de que no tengamos que responder por ellos. Pero el hecho es que todos tendremos que enfrentar juicio en algún momento.

La buena noticia es que cuando nos arrepentimos y nos alejamos de una vida de pecado, y volvemos nuestros corazones con fe hacia Jesús, recibimos perdón, misericordia y gracia delante del trono de Dios. Pablo declaró: «Ninguna condenación hay para los que están en Cristo Jesús» (Romanos 8:1). Cuando Dios se hizo hombre, llevó una vida perfecta, y fue condenado a la cruz, nuestros pecados fueron puestos sobre Él, y su gracia nos fue acreditada compasivamente. El gran reformador Martín Lutero llamó a esto «el gran intercambio». Dios tomó mi pecado y el tuyo, y lo intercambió por su gracia.

Ocultarnos detrás de excusas no hace nada por nosotros, pero escondernos detrás de la cruz nos da a todos lo que necesitamos. Por consiguiente, mantener alejada a la gente diciendo «el que esté sin pecado que lance la primera piedra» es malinterpretar el versículo para un propósito que nunca pretendió tener. Quizá lo que deberíamos recordar de esta historia son las últimas palabras de Jesús: «Ni yo te condeno; vete, y no peques más».

CAPÍTULO 6

Jesús no pudo realizar milagros en su ciudad natal

«[Jesús] estaba asombrado de la incredulidad de ellos».

—Marcos 6:6

Muchos de nosotros hemos tenido la experiencia de mudarnos de donde nos criamos solo para volver de visita y quedar sorprendidos por todos los cambios que se han realizado en el lugar. Quizá han construido una nueva estación de servicio, el improvisado campo de béisbol en que jugabas es ahora un estacionamiento, y los árboles a los que trepaste de niño han sido cortados. Además, todo parece más pequeño que cuando eras joven.

Pero en medio de todos los cambios estéticos, algunas cosas nunca cambian. En el huerto de manzanas todavía se vende la mejor sidra. Las personas que siempre has conocido aún te parecen las mismas, solo que un poco mayores. Sus sonrisas, sus carcajadas y sus chistes no son diferentes de lo que recuerdas. Sientes que estás en casa.

Me pregunto cómo fue para Jesús cuando finalmente regresó a casa en Nazaret, donde se había criado. El hijo mayor de José y María ha regresado, el hijo del carpintero que era tan buen muchacho todo el tiempo y que nunca se metió en problemas. Y mucho ha sucedido desde que salió; no solo con Nazaret, sino con Él. Se rumorea que ha estado haciendo milagros extraordinarios. Enseña con asombrosa autoridad. Multitudes lo siguen. Su popularidad no tiene precedentes.

¿Qué tipo de recepción recibiría Jesús?

Nos enteramos en las narraciones del Evangelio, y para nuestros propósitos veremos el breve relato que Marcos hace del tiempo de Jesús en Nazaret, incluso una sección de las Escrituras que algunos tergiversan con relación a la sanidad física y su relación con la medida de fe en alguien.

Marcos 6 empieza con Jesús continuando su ministerio de enseñar, esta vez en la sinagoga de su pueblo natal. Era día de reposo, y la enseñanza estuvo llena del poder del Espíritu Santo y conllevaba una medida de autoridad absoluta. La gente estaba maravillada. Sorprendida de veras. Sus preguntas eran comprensibles: «¿De dónde tiene éste estas cosas? ¿Y qué sabiduría es esta que le es dada, y estos milagros que por sus manos son hechos?» (Marcos 6:2).

No era el mismo hombre que conocían cuando salió. Algo había sucedido. Una cosa era segura: lo reconocieron en cierto sentido. Conocían a su familia: «¿No es éste el carpintero, hijo de María, hermano de Jacobo, de José, de Judas y de Simón? ¿No están también aquí con nosotros sus hermanas?» (6:3).

A pesar de lo que algunos enseñan, Jesús no fue hijo único. Fue el primer hijo que María tuvo, pero después de su nacimiento milagroso, María y José tuvieron otros hijos, algunos de ellos incluso se mencionan en el texto. Técnicamente eran sus medio hermanos y hermanas. Y al parecer José ya había fallecido en este momento, ya que no lo enumeran junto con la familia. La gente conocía a Jesús como el «hijo de María», el único lugar en la Biblia en que se le llama así.

En sus mentes no podían concebir de dónde había recibido Jesús tal autoridad y talento. Después de todo, Él tenía un negocio de plebeyo. Solamente lo conocían como un carpintero, alguien que tallaba madera y piedra. Pudieron haber pensado: *¿Quién se cree que es?* El texto afirma que «se sentían profundamente ofendidos» (NTV) o que «se escandalizaban de él» (v. 3).

Parece haber dos clases de reacciones locales que surgen cuando alguien de un pueblo pequeño se vuelve famoso o se da a conocer: o celebran y se enorgullecen de que uno de los suyos haya recibido la bendición de Dios (pocos lo supieron, en el caso de Jesús), o tienden a ser celosos, escépticos, y como si fuera su misión personal, se empeñan en hacer que esa persona se mantenga humilde y no se le suba el éxito a la cabeza.

Con Jesús, parece que la última fue la respuesta de la gente. Es más, podría haber sido incluso peor que eso. Ofenderse por la enseñanza sobre la fe y el reino representa falta de fe y resentimiento aún más profundo, no solo hacia Jesús sino hacia las cosas de Dios. Tristemente, esto no era algo nuevo. Este tipo de reacción tenía un precedente histórico.

Durante años los profetas en la historia de Israel padecieron persecución y hasta muerte porque al pueblo de Dios no le interesaba lo que ellos tenían que decir. Los israelitas no veían con buenos ojos el hecho de que les señalaran sus pecados. El profeta Jeremías fue golpeado, encerrado y hasta lanzado a una cisterna en cierto momento. La tradición sostiene que Isaías fue aserrado en dos. Así que la descripción del oficio de profeta no era algo que granjeara la simpatía de la gente, y Jesús lo señaló claramente cuando a continuación declaró: «No hay profeta sin honra sino en su propia tierra, y entre sus parientes, y en su casa» (Marcos 6:4).

Jesús era realmente un profeta, y recibió la acogida de profeta. Sin embargo, Él era más que un profeta. Era el Mesías. Pero los habitantes de su pueblo natal que lo conocían tuvieron poca tolerancia para tal pensamiento y absolutamente ninguna fe para creerlo. Para ellos, Él era ofensivo, y el Evangelio de Lucas declara que casi lo lanzan por un precipicio. Pero no pudieron.

No obstante, Marcos nos dice algo muy peculiar que muchos han malinterpretado y utilizado indebidamente cuando de sanidad y fe se trata: «[Jesús] no pudo hacer allí ningún milagro, salvo que sanó a unos pocos enfermos, poniendo sobre ellos las manos. Y estaba asombrado de la incredulidad de ellos» (Marcos 6:5-6).

«No pudo hacer» es una frase interesante, por decir lo menos. El texto siguiente indica que Jesús no pudo hacer milagros allí, excepto unas pocas sanidades. Esto da la impresión de que Él fue incapaz de usar su poder sobrenatural porque había una incredulidad muy extendida. Pero asevero que no fue como si la incredulidad de la gente tuviera más poder del que Jesús tenía sobre la situación. Él tenía autoridad total sobre la naturaleza y podía hacer milagros de toda clase por la palabra de su boca.

Dicho de otra manera, la incredulidad de ellos no fue alguna clase de kriptonita cósmica que debilitara las habilidades de Jesús para realizar milagros como Mesías. Más bien parece que Jesús limitó su expresión de autoridad divina como una forma de juicio por el rechazo recibido. A veces retener ciertas bendiciones es una forma de disciplina y juicio de parte de Dios.

No fue que Jesús no pudiera sanar; simplemente, decidió no hacerlo. Además, en primer lugar es probable que muchos de los habitantes no acudieran a ser sanados, ya que simplemente lo llamaron el carpintero. De cualquier modo, las sanidades fueron pocas debido a la incredulidad de ellos.

Pero la pregunta es: ¿es este siempre el caso cuando se trata de la decisión de Dios de curar o no? ¿Depende siempre de si tenemos o no suficiente fe? Yo diría que no. Algunos enseñan que la curación *siempre* depende de la medida de nuestra fe, y si no viene sanidad, la única conclusión es que el solicitante tal vez no tuvo suficiente fe; y como texto de prueba apelan a este pasaje en Marcos.

Esta forma de pensar es una verdad a medias, y ha causado una cantidad incalculable de dolor a algunos creyentes verdaderos a quienes se les ha vendido esta mentira como respuesta a por qué sus seres amados no sobrevivieron a un mal debilitante o a una enfermedad terminal. Una vez creída, esta verdad a medias puede producir culpabilidad invalidante y la creencia de que Dios está castigando a quien no tiene «suficiente fe». Esto puede resultar en resentimiento y amargura hacia Dios, hacia la iglesia, o incluso hacia aquel que ha orado.

Muchas almas sufrientes han abandonado la iglesia y se han alejado de Dios porque de alguna forma las convencieron de que la muerte de su ser querido fue culpa suya, como si Dios no hubiera podido hacer un milagro porque este dependía de una medida desconocida de fe.

Pero hay algo totalmente erróneo acerca de esa forma de enseñar y pensar, y solo debemos mirar el consejo completo de la Palabra de Dios, todo lo que la Biblia enseña, para poner las cosas en su debido orden.

En primer lugar, dentro de una verdad a medias siempre hay un indicio de verdad. Y esa verdad es esta: Jesús sí responde a la fe. Es más, muchos milagros que decidió realizar se ven en relación con el hecho de que Jesús pidió y elogió a las personas por su fe. No podemos evitar el hecho de que su poder para curar ciertamente estaba relacionado con la fe del individuo. Por ejemplo, en Mateo 9, Jesús curó a dos ciegos y dijo: «Que se haga con ustedes conforme a su fe» (v. 29, NVI). En otro ejemplo, cuando el apóstol Pablo entró a Listra, se topó con un lisiado que era cojo de nacimiento y que se interesó en lo que Pablo predicaba. La Biblia enseña: «Cuando Pablo lo vio a los ojos, comprendió que tenía fe para ser sanado. Entonces Pablo levantó la voz y le dijo: "Levántate, y apóyate sobre tus pies". Y aquel hombre dio un salto y comenzó a caminar» (Hechos 14:9-10, RVC).

Así que es una conclusión obvia que un punto bíblico de vista de la curación incluya la importancia, y a veces la necesidad, de la fe a fin de producir los resultados deseados. Parecería que, en el caso de que Jesús no realizara milagros en su pueblo natal, fue realmente la falta de fe de ellos lo que hizo que Jesús restringiera su poder para obrar milagros.

Pero tras haber dicho todo esto, algo distinto es enseñar que *en todos los casos* donde no ocurre sanidad se deba al hecho de que no hubo fe, hubo poca fe o no hubo suficiente fe para manipular el favor de la mano de Dios. Esa conclusión no está garantizada cuando vemos toda la enseñanza de la Biblia.

Es más, uno de los mejores ejemplos de esto viene del apóstol Pablo, quien como muchos podrían sostener, fue quizá el cristiano más dinámico que ha existido. Sin duda, fue un gran líder y pastor del pueblo de Dios, un destacado evangelista y un mentor de primer nivel que sabía cómo discipular. Pero no era perfecto. Tuvo debilidades que admitiría al instante (Romanos 7), y en humildad se llamó una vez el peor de los pecadores (1 Timoteo 1:15). Sin embargo, pocos sostendrían que Pablo no tenía la fe adecuada. En realidad, estableció la norma para la fe. Pero incluso en medio del caminar con Dios de este apóstol hubo un aspecto que le ocasionaba gran sufrimiento y dolor.

Muchos han especulado acerca de qué pudo haber sido esto. ¿Fue orgullo, un adversario externo o alguna clase de problema físico (o tal vez todo lo anterior)? De cualquier modo, Pablo habla de esto en 2 Corintios; en el contexto del pasaje analiza las revelaciones divinas que como apóstol ha recibido en el pasado. Estas visiones y revelaciones del Señor lo llevaron al punto en que incluso pudo vislumbrar el cielo mismo (algo que muy pocos en la Biblia pudieron ver).

Pablo dice luego que para volverse vanidoso hasta el punto de exaltarse, le fue dado «un aguijón en su carne», algo que lo mantuvo humilde. La clave para la interpretación podría ser el texto mismo: «Para que la grandeza de las revelaciones no me exaltase desmedidamente, me fue dado un aguijón en mi carne, un mensajero de Satanás que me abofetee, para que no me enaltezca sobremanera» (2 Corintios 12:7).

Ten en cuenta dos cosas. En primer lugar, Pablo dijo que

este aguijón se le dio a él, lo que significa que vino de parte de Dios con el propósito de mantenerlo humilde y dependiente de Dios. Mientras que muchas veces suplicamos a Dios, tal como hizo Pablo, que nos quite cosas (más de eso en un momento), nuestro sufrimiento puede haber sido dado o permitido para los propósitos de Dios que van más allá del alcance de nuestra imaginación. Tal fue el caso con las dificultades de Job en su vida.

En segundo lugar, la naturaleza del aguijón pudo no haber sido física sino de índole espiritual, ya que Pablo lo llama «un mensajero [o ángel] de Satanás», enviado a atormentarlo. Esto sugiere que pudo tener algo que ver con lo demoníaco, quizá incluso con las enseñanzas engañosas de falsos maestros a quien constantemente combatió y que trataban de desviar a la iglesia por medio de «doctrinas de demonios» (1 Timoteo 4:1). Estas pudieron considerarse un aguijón en su carne, exigiéndole defender el evangelio o su propia reputación como apóstol, o tal vez pasar horas en oración desesperada por protección para la iglesia.

Cualquiera que sea la razón, a pesar de que fuera incómodo y angustioso para Pablo, este aguijón le hizo incluso aún más dependiente del Señor.

> Respecto a lo cual tres veces he rogado al Señor, que lo quite de mí. Y me ha dicho: Bástate mi gracia; porque mi poder se perfecciona en la debilidad (2 Corintios 12:8-9).

Pocos sostendrían que Pablo fuera deficiente en la fe, y que debido a su falta de fe no pudo deshacerse de este problema. Aquí tenemos a un hombre que, al lado de Abraham, pudo haber sido el más grande ejemplo de fe que hayamos visto. Para Pablo no vino el alivio debido a la cantidad de fe que tenía o no tenía. Más bien, se debió a que la sanidad *no era parte del propósito de Dios* para él.

Así que la curación no siempre depende de la cantidad de nuestra fe. Es cierto que la fe es, a menudo, el medio por el cual Dios cura, pero hay ocasiones en que no ocurre sanidad porque Dios tiene otros planes. Aquí es donde debemos orar en fe, creer que Dios puede actuar como desee, y dejarle los resultados a Él, confiando en su plan soberano.

Pablo recibió la bendición de «gracia suficiente», algo que a menudo no valoramos como deberíamos. La gracia es un regalo de Dios, y la gracia suficiente es un regalo que nos permite seguir adelante todo el tiempo que Dios lo requiera. Además, nos exige apartarnos de nuestra tendencia de ser autosuficientes y confiar en la fortaleza que solo Dios proporciona. Por esto es que Pablo declaró:

> Por tanto, de buena gana me gloriaré más bien en mis debilidades, para que repose sobre mí el poder de Cristo. Por lo cual, por amor a Cristo me gozo en las debilidades, en afrentas, en necesidades, en persecuciones, en angustias; porque cuando soy débil, entonces soy fuerte (vv. 9-10).

Pablo sabía que su debilidad le daba a la fortaleza de Dios una plataforma para ser exhibida, de modo que al final el poder de Dios recibiera suprema alabanza y gloria.

Entonces, trátese de la historia del pueblo natal de Jesús o de la historia del aguijón de Pablo, hay algunas conclusiones a las que debemos llegar al mirar ambas historias en armonía mutua.

Primero, es cierto que a veces Dios retiene la curación debido a una falta de fe como una forma de juicio sobre la incredulidad. Esto se aplicó en la ocasión en que Jesús entró a su pueblo natal, donde obviamente faltó fe. *Pero esto no significa que cada vez que no llegue sanidad se deba siempre a una falta de fe*, que es lo que aprendemos de la experiencia de Pablo, ya que este, sin duda, era un hombre de fe.

Segundo, la experiencia de Pablo también nos enseña que aunque es cierto que Dios busca fe y cura en respuesta a ella, a veces su decisión de curar o no podría no estar relacionada en absoluto con nuestra fe, pero podría estar de acuerdo con sus propósitos soberanos para nosotros. Dios podría estar buscando una plataforma para exhibir su gracia suficiente.

Soy un firme creyente en esta última idea, especialmente cuando se trata de cristianos que están en proceso de morir. Aunque es perfectamente correcto y glorifica a Dios orar pidiendo sanidad por un hermano o una hermana en Cristo, en ocasiones la voluntad de Dios es llamar a esa persona a la gloria, y Dios concederá suficiente gracia para soportar todo el camino hasta el final. Es más, el trayecto podría ser una de las mejores oportunidades para testificar y mostrar fe a quienes ven lo que sucede.

Tal vez no lo comprendas, pero tu senda a casa (el proceso de muerte de un cristiano) podría ser uno de los momentos más notables en tu vida para glorificar a Dios, poniendo en evidencia tu fe en el evangelio y confiando en que la mano salvadora de Cristo te lleve a su gloria.

Aquí es donde nuestro testimonio podría tener la mayor influencia en otros, y en este sentido podemos estar felices de que Dios no esté curándonos para más vida en la tierra sino más bien que nos prepare para la sanidad definitiva en la vida venidera. De esta manera, tenemos una oportunidad de influir en otros y hablar de nuestra fe en nuestro recorrido hasta allí.

Sea como sea, Dios le mostrará curación al cristiano sea en esta vida o en la venidera. Debemos vivir por fe y no por vista. Si nos cura aquí, ¡fabuloso! Eso significa más labor fructífera para Cristo mientras estamos en el cuerpo. Pero si no nos cura, regocijémonos en la gracia que nos ofrece y que está exhibiéndose, y alegrémonos en el plan que Él tiene de llevarnos a casa para ser sanados de una vez por todas. Y no supongamos que la curación o no de alguien depende *siempre* de la fe, porque no siempre vemos las cosas desde la perspectiva de Dios, y no podemos hablar de parte de Él en tales situaciones.

CAPÍTULO 7

Zaqueo

«Zaqueo, date prisa, desciende, porque hoy es necesario que pose yo en tu casa».

—Lucas 19:5

Para muchos de los que nos hemos criado en la iglesia el solo oír el nombre Zaqueo nos hace comenzar a entonar la canción:

Zaqueo era un hombre así
pequeñito en verdad
entonces él a un sicomoro subió,
Para poder ver a Jesús
El Salvador lo vio allí
y sonriendo se acercó; y le dijo:
¡Zaqueo! Baja ya, pues a tu casa voy a ir.
¡Zaqueo! Baja ya, pues a tu casa voy a ir.

La canción sigue siendo popular hoy día en muchos ministerios infantiles locales, escuelas bíblicas de verano, campamentos de iglesia, etc. Se trata de una canción pegadiza sobre un encuentro entre Jesús y uno de los hombres más despreciados de su época: un judío recaudador de impuestos. Pero la historia, que se encuentra solo en el Evangelio de Lucas, a menudo se ha malinterpretado por lo menos en dos maneras distintas, llevando a muchos a perder el énfasis de la historia y pasar totalmente por alto la belleza que encierra.

Hallamos la narración en Lucas 19, y Jesús acababa de liberar y curar de ceguera *física* y *pobreza* a un hombre llamado Bartimeo. Pero cuando Jesús entra a la ciudad de Jericó, se encuentra con otro hombre que irónicamente necesita ser liberado de ceguera *espiritual* y de su *riqueza*, un hombre tan despreciado por la comunidad que probablemente se habrían referido a él como traidor.

¿Por qué tan duro calificativo? No era simplemente porque no les gustara pagar impuestos, sino debido a aquel a quien se veían obligados a pagarlos (el publicano), y a la injusta cantidad que les exigía.

Los judíos veían a los romanos paganos como la fuerza opresora de ocupación que había invadido y capturado su tierra. Y al igual que los griegos antes que ellos, los romanos habían introducido todo tipo de idolatría e inmoralidad a la geografía, a la cultura y al pueblo de Israel. Por esto es que la mayor parte de los judíos en los días de Jesús esperaba que el Mesías llegara como un gobernante militar que *inmediatamente* los liberaría de sus enemigos.[1] Pagar tributo

1. En Juan 6:14-15, en cierto momento después de ver la milagrosa alimentación de los cinco mil, las multitudes estuvieron interesadas en hacer por la fuerza que Jesús fuera su rey. Realmente estaban buscando un obrador de milagros que pudiera guiarlos y liberarlos de sus opresores al igual que hizo Moisés al liderarles hacia su liberación

e impuestos a los romanos iba en contra de la misma fibra de sus convicciones más profundas, y por eso esperaban la liberación. Desde su punto de vista, los recaudadores de impuestos, por naturaleza, les recordaban la opresión en que vivían.

En segundo lugar, como si pagar impuestos a Roma y al emperador no fuera suficientemente malo, peor era ver a un *judío* trabajando para el gobierno romano, que era el caso de muchos publicanos. Esto a sus ojos equivalía a traición: alguien que trabajaba para el opresor y que al parecer no tenía problema en atracar a su propio pueblo para la causa del enemigo y obtener así beneficios personales.

En realidad, había muchas ganancias. Muchos de los recaudadores de impuestos eran famosos por cobrar o recaudar más de lo que se exigía, simplemente por ganancia personal, mientras usaban la plena autoridad de su cargo para hacerlo. Esto era algo a lo que al parecer Roma hacía la vista gorda, y por eso los recaudadores eran notoriamente ricos. Además, Lucas nos dice que Zaqueo era un jefe de los recaudadores, quien probablemente dirigía a muchos otros recaudadores en el rico y próspero distrito fiscal y comercial de Jericó.

Por tanto, a Zaqueo se le habría visto como un archienemigo: un traidor acaudalado que trabajaba para las personas más despreciadas de todas. Por esto es que su encuentro con Jesús es muy emocionante, por decir lo menos, porque

---

del antiguo Egipto. La alimentación de los cinco mil les recordó la experiencia del maná bajo Moisés en el desierto. Por tanto, hicieron la relación de que Jesús era «el profeta que había de venir al mundo» que Moisés les había prometido (Juan 6:14). Pero un movimiento político y militar no era lo que Jesús vino a dirigir. La liberación espiritual era de mayor importancia, y tenía que lograrse antes que el Señor regrese por segunda vez como Rey triunfante.

el poder salvador de Dios se exhibe plenamente. No existe nadie que esté más allá de la misericordia de Jesús, porque nuestro Dios buscador sabe cómo convertir a un enemigo en amigo, y cómo convertir a los perdidos en seres encontrados.

La historia se desarrolla con Jesús entrando en Jericó, una ciudad histórica en el valle del Jordán que fue reconstruida después de la conquista de Josué.[2] Curiosamente, durante su destrucción original por parte de Josué y los israelitas, la orden fue destruir todo en la ciudad menos ciertos tesoros que debían ser dedicados al tesoro del Señor. Sin embargo, un individuo llamado Acán desobedeció esa instrucción y se apropió de algo del tesoro prohibido, provocando la desaprobación del Señor sobre el ejército de Israel, que fue derrotado en posteriores batallas hasta que el pecado de Acán quedó al descubierto.

Así que esta ciudad de Jericó tiene una relación interesante con el robo y el engaño, y el gran ladrón en Jericó de la época de Jesús era probablemente este recaudador de impuestos llamado Zaqueo. Lucas nos dice que Jesús «iba pasando», pero sin duda el Maestro tenía más en mente que eso.

Lucas describe a Zaqueo como un individuo curioso cuando Jesús atravesaba la ciudad. Quizá las multitudes que acompañaban al Señor fue lo que llamó la atención del

---

2. Después que los israelitas derrotaran y quemaran la antigua ciudad de Jericó, Josué pronunció una maldición sobre cualquiera que decidiera reconstruir la ciudad, expresando: «Maldito delante de Jehová el hombre que se levantare y reedificare esta ciudad de Jericó. Sobre su primogénito eche los cimientos de ella, y sobre su hijo menor asiente sus puertas» (Josué 6:26). La historia demuestra que esta maldición se hizo realidad en días del rey Acab, cuando un hombre llamado Hiel reconstruyó la ciudad y perdió a su hijo mayor y al menor cuando echó el cimiento y puso las puertas (1 Reyes 16:34).

recaudador. Tal vez había oído hablar de Jesús por un relato anterior de sus colegas sobre cómo un publicano llamado Leví (más tarde rebautizado como el discípulo Mateo) dejó su puesto y siguió a Jesús, por lo que Zaqueo tenía curiosidad acerca de quién era este Jesús (ver Lucas 5:27-32).

La realidad es que no se nos dice por qué Zaqueo estaba interesado en ver a Jesús. Un comentarista indica que Zaqueo «tenía un corazón insatisfecho... que estaba separado de Dios... que no tenía vida eterna», y «se sentía culpable por su pecado».[3] Esto sin duda es probable, y tendría sentido debido al hecho de que este pecado particular le ocasionaría separación no solo delante de Dios sino también de sus compatriotas.

Bíblicamente hablando, sabemos que la verdadera fe salvadora necesita la presencia de auténtico arrepentimiento, por lo que podemos suponer con seguridad que Dios ya estaba obrando en el corazón de Zaqueo cuando Jesús se acercó.

Aunque a Zaqueo podrían acusarlo de muchas cosas, nadie podría acusarlo de falta de creatividad e ingenio. Lucas nos informa:

> [Zaqueo] procuraba ver quién era Jesús; pero no podía a causa de la multitud, pues era pequeño de estatura. Y corriendo delante, subió a un árbol sicómoro para verle; porque había de pasar por allí (19:3-4).

Resulta que yo mido un metro noventa y cinco centímetros de estatura, por lo que para mí no es problema ver desfiles y acontecimientos de larga escala. A menudo las mujeres en el

3. John MacArthur, *Comentario MacArthur del Nuevo Testamento: Lucas* (Grand Rapids: Portavoz, 2016), p. 1059.

supermercado me detienen para pedirme que les alcance un producto en la parte superior de los estantes. *«No hay problema, señora»*. Pero Zaqueo era exactamente lo contrario: verticalmente retado. Pero no era tonto.

Después de observar los alrededores, ve un árbol sicómoro. No se trata de la clase de sicómoros que tenemos en Estados Unidos que son altos con grandes hojas, corteza blanca y que crecen cerca del agua. El tipo de árbol al que se hace referencia aquí crece en el valle del Jordán y tiene ramas que crecen cerca del suelo. «El fruto parece un higo, pero el sabor es desagradable. Lo comen los pobres».[4]

Parece irónico que Zaqueo trepara a un árbol que principalmente alimentaba a los pobres, ya que muchos de los habitantes alrededor de Jericó eran pobres por culpa de este publicano. Y el fruto de la vida de Zaqueo hasta este momento también era más bien desagradable, pero todo eso estaba a punto de cambiar. Él había trepado al árbol para tener una vista mejor.

> Cuando Jesús llegó a aquel lugar, mirando hacia arriba, le vio, y le dijo: Zaqueo, date prisa, desciende, porque hoy es necesario que pose yo en tu casa. Entonces él descendió aprisa, y le recibió gozoso. Al ver esto, todos murmuraban, diciendo que había entrado a posar con un hombre pecador (Lucas 19:5-7).

Varias cosas aquí deberían sorprendernos. Este es el momento de Jesús. Nada de lo que hace es al azar sino más

---

4. Ferrell Jenkins, «Zacchaeus Climbed Up into a Sycamore Tree», entrada de blog fechada 10 de octubre, 2008. Consultada 26 de mayo, 2016, https://ferrelljenkins.wordpress.com/2008/10/10/zaccheus-climbed-up-into-a-sycamore-tree/.

bien con propósito. De toda la gente allí ese día, Jesús se detuvo para observar a un hombre posado en un árbol; pero no simplemente cualquier hombre, sino más bien un hombre aislado. Un hombre rico, claro está, pero culpable. Quizá también era un hombre bajo condena. Jesús conocía el corazón, y sabía más que eso.

Lo que sin duda debió hacer sobresaltar el corazón de Zaqueo fue que Jesús se detiene para mirarlo directamente, y lo llama *por su nombre*. Sin embargo, ¿cómo pudo haberlo sabido? No tenemos indicio de que estos dos hombres se hubieran encontrado antes. Pero aquí tenemos más evidencia de que como Dios en carne, Jesús conoce y hace cosas que solo Dios puede conocer o hacer.

Basándose en su omnisciencia divina, Jesús se dirige a Zaqueo en términos precisos. Le ordena al recaudador de impuestos que se baje de su posición elevada y que lo haga de prisa. Jesús tiene un plan secreto, y declara: «Hoy *es necesario* que pose yo en tu casa». En otras palabras, Jesús mismo se invita, y Zaqueo acepta alegre y voluntariamente.

Eso ocurre cuando un hombre o una mujer llegan a la fe. Jesús toma la iniciativa, y el corazón tiene una respuesta dispuesta.

Sin demora, el recaudador se calma, desciende de su posición ventajosa, y recibe a Jesús en su lugar más íntimo: su vida y su hogar. Por primera vez en su existencia siente que el estigma de su pecado desaparece.

Curiosamente, la ira del desprecio humano pasa del recaudador de impuestos hacia el Salvador, cuando los presentes se quejan, diciendo que Jesús ha «entrado a posar con un hombre pecador». De hecho, Jesús tiene una forma de alejar la ira de los creyentes pecadores y absorberla sobre sí mismo.

Pero esto no molestó a Jesús ni a Zaqueo, pues había demasiada alegría. Jesús cruzó todas las barreras religiosas y sociales para tener una comunión íntima y personal con un hombre «inmundo», pero en necesidad del amor y la gracia de Dios. Más adelante, el apóstol Pablo repetiría una idea similar cuando escribió: «Dios muestra su amor para con nosotros, en que siendo aún pecadores, Cristo murió por nosotros» (Romanos 5:8).

Tenemos un Dios que dejó la comodidad del cielo para someterse a una desgracia que solo nosotros mereceríamos: muerte en una cruz. Aun siendo pecadores, aun estando señalados como enemigos (Romanos 5:10), Cristo hizo lo inesperado y nosotros como los indignos somos radicalmente cambiados y transformados cuando por medio de la fe nos encontramos cara a cara con esta clase de amor redentor.

Al parecer este fue el caso con Zaqueo. Aunque no tenemos toda la conversación entre el Salvador y el recaudador de impuestos, definitivamente podemos ver los resultados. El fruto en la vida de Zaqueo dio un cambio instantáneo: de inmediato adquirió el fruto del arrepentimiento.

> Zaqueo, puesto en pie, dijo al Señor: He aquí, Señor, la mitad de mis bienes doy a los pobres; y si en algo he defraudado a alguno, se lo devuelvo cuadruplicado (Lucas 19:8).

Todos sabían cuál era el pecado de Zaqueo, y él mismo estuvo dispuesto a confesarlo en forma pública. Además, declaró que daría la mitad de sus posesiones a los pobres y que si había defraudado o extorsionado dinero a alguien, le pagaría el cuádruple y haría restitución del mal cometido.

Es algo hermoso ver cómo el peso del pecado cae de

alguien, pero eso únicamente puede ocurrir por medio del arrepentimiento auténtico. Y quienes se han arrepentido de veras están plenamente conscientes de la bendición invaluable que es el perdón divino: misericordia que quita el peso de la culpa y vergüenza. Esta sensación liberadora constituía ahora el gozo de Zaqueo, quien ya no era esclavo del dinero.

Entonces las palabras de Jesús confirmaron la realidad de esta libertad espiritual: «Hoy ha venido la salvación a esta casa; por cuanto él también es hijo de Abraham» (Lucas 19:9).

Las palabras de Cristo aquí merecen un examen minucioso. Primero, Jesús declaró: «*Hoy* ha venido la salvación a esta casa», refiriéndose obviamente a Zaqueo. Esto refutaría cualquier confusión acerca del momento de la conversión de Zaqueo. Ayer no era salvo, pero hoy sí lo es.

Esto contrasta directamente con alguna especulación reciente por parte de eruditos de que Zaqueo era un individuo virtuoso y generoso que solía dar activamente su dinero a los pobres, de modo que Jesús simplemente estaba corrigiendo un malentendido público respecto a él.[5] Esta clase de interpretación del texto no concuerda con el propósito general de Lucas en este Evangelio: mostrar la extensión del amor redentor de Cristo hacia los desfavorecidos, ignorados, despreciados y rechazados (recaudadores de impuestos,

5. El erudito en Nuevo Testamento Gary Burge escribe: «No tenemos ningún indicio de que Zaqueo deba arrepentirse, ni la historia sugiere una conversión de su parte... como Joel Green comenta: "En esta lectura, Zaqueo no resuelve emprender nuevas costumbres, sino que presenta para la evaluación de Jesús su actual comportamiento con relación al dinero», Gary M. Burge, *Encounters With Jesus* (Grand Rapids, MI: Zondervan, 2010), p. 68. Además, Burge indica que Zaqueo «no es lo que todos han supuesto. Ha sido honesto; recauda lo que se exigía sin corrupción ni abuso» (*ibíd.*). Desdichadamente, esta clase de interpretación de la historia eclipsa todo el propósito de

leprosos, samaritanos, niños, pobres y otros desamparados de su época).

Si Zaqueo ya hubiera estado entregando dinero y ayudando a los pobres, seguramente la gente en la calle habría contado de manera positiva la reputación de este recaudador de impuestos, ya que viajaría rápido la noticia de que un publicano daba dinero. Pero en esta narración él es despreciado, y la gente lo estaba llamando «pecador». Esto sin duda indica que el relato tiene que ver con su conversión, y no simplemente con una exoneración pública de un malentendido respecto a este hombre.

Además, Zaqueo es llamado «hijo de Abraham». Bueno, técnicamente ya era descendiente físico de Abraham, puesto que era judío. Pero Jesús no está usando aquí esa idea. Está resaltando la fe del hombre, la misma fe ejercida por Abraham en el Antiguo Testamento, la que lo salvó. Esto es lo que lo convierte en un «hijo».[6] Pablo declaró algo similar en Romanos 2 cuando afirmó que un judío verdadero no es simplemente alguien que se ajusta a la etnia externa, sino quien se ajusta internamente por medio de la fe (ver Romanos 2:28-29).

El hecho de que Jesús proclame *hoy* como el día de salvación y que diga que Zaqueo es un hijo (en el sentido más cierto) sugiere que una conversión auténtica se ha llevado a

---

Lucas en la narración, el cual se ve en el último versículo (v. 10), que veremos en poco tiempo.

6. En otra parte de la Biblia, los escribas y fariseos reclamaron a Abraham como padre, pero Jesús dejó en claro que aunque eran judíos, no podían afirmar que Abraham fuera su padre (especialmente en sentido espiritual). Más bien les dijo: «Vosotros sois de vuestro padre el diablo» (Juan 8:44), revelando que un hijo verdadero de Abraham es un hijo por fe y no por descendencia.

cabo y que Jesús está enseñando al pueblo cómo es la filiación verdadera. El verdadero arrepentimiento y la fe salvadora dan fruto en forma muy pública.

Pero hay otra manera en que esta historia se malinterpreta a menudo. Muchos creen que Zaqueo es el buscador preeminente y modelo, un hombre que tiene sed de Dios y de la verdad espiritual, tan desesperado por hallarla que está dispuesto a hacer el ridículo trepándose a un árbol solo para captar la atención de un rabino famoso.

Aunque es verdad que Zaqueo tiene interés auténtico en ver a Jesús y quizá ha sentido realmente la culpa y la separación por su pecado, sería un error llegar a la conclusión de que el objetivo de esta historia es sobre Zaqueo en busca de Jesús. Más bien es al revés.

Lucas nos ofrece en el último versículo las palabras más conmovedoras de Jesús *como el punto principal de la historia*: «El Hijo del Hombre vino a buscar y a salvar lo que se había perdido» (Lucas 19:10).

Esto tiene que ver con Jesús en busca de Zaqueo. Es una demostración intencionada de gracia asombrosa en el sentido más público. Tenemos un Dios que se deleita en exhibir su extensa gracia a los pecadores que menos la merecen, personas como tú y yo. De nuevo, nadie está lejos del alcance del amor redentor de Dios.

Jesús vino a la tierra a buscar y salvar. Esto es lo que hace tan asombrosa su gracia, aunque éramos pecadores. Aunque éramos enemigos. Aun en nuestra rebelión, Jesús va tras nosotros. Él busca salvar, y esto es precisamente lo que hizo en este día a uno de los individuos más odiados en esa cultura.

Tal como afirma el famoso himno: «una vez perdido estuve, mas ahora hallado soy». Somos los encontrados. ¿Por qué? Porque Dios está tras nosotros, buscándonos. No es como si estuviéramos buscándolo, porque «no hay justo, ni aun uno; no hay quien entienda, no hay quien busque a Dios» (Romanos 3:10-11). Qué humilde tener un Dios que no renuncia a nosotros, que va tras nosotros con amor reconciliador. ¿Hacemos lo mismo con los demás? Jesús nos ha dado un ejemplo a seguir.

Podríamos ver a Zaqueo como un «hombrecito», pero Jesús lo convirtió en un gigante espiritual. Jesús vio una oportunidad perfecta para hacer un espectáculo público de su gracia, en vívido contraste con las actitudes santurronas de los escribas y fariseos que no conocían tal gracia. Zaqueo pudo haber sido pequeño en estatura, pero la salvación que recibió ese día fue mayor que la vida.

CAPÍTULO 8

Siembra tu semilla

«Son profetas de la destrucción, estos son herejes de la Nueva Era afirmando que te mostrarán el camino de la salvación, pero su cruz es un madero sin sangre».

—Steve Camp, «The Agony of Deceit»
[La agonía del engaño]

Son astutos, solapados y engañadores. Usan una máscara y pueden parecer atractivos por fuera, pero por dentro están llenos de maldad. Al parecer no tienen temor y aman las tinieblas. Podrías creer que estoy hablando de mapaches… esas criaturas inteligentes que usan máscaras, que son maestros carroñeros y merodeadores nocturnos.

Pero a decir verdad, me refiero a los estafadores espiritualmente arruinados pero materialmente ricos conocidos como predicadores del evangelio de la prosperidad. Son astutos, solapados y engañadores. Usan máscaras, como lobos vestidos de ovejas. Son intrépidos, audaces y muy buenos en lo que hacen. Sus corazones están llenos de tinieblas con una conciencia cauterizada, tomando de buena gana lo que no les pertenece.

Uno de los sistemas más crueles que ha salido de los Estados Unidos es el «evangelio de la prosperidad». Es la creencia de que Dios tiene planes para ti aquí y ahora de recibir toda la salud y la riqueza que mereces en respuesta a la medida de tu propia generosidad y fe.

Los predicadores de prosperidad sirven un banquete de disparates espirituales a expensas de los débiles, vulnerables y desesperados. Se llenan los bolsillos al halar las cuerdas emocionales de quienes desean el sueño estadounidense, con un toque espiritualizado, instándote a dar a sus ministerios para que un milagro de considerable proporción venga a tu camino. (Más sobre esto en un momento).

Se podría argumentar que el evangelio de la prosperidad ha hecho más daño a la Iglesia de hoy que muchos otros escándalos, defectos o transigencias culturales. Es una perversión profunda del verdadero evangelio. ¿Cuál es el verdadero evangelio? Es la enseñanza de Jesús y los apóstoles de que la vida espiritual viene solo arrepintiéndose del pecado, y teniendo fe en la vida, muerte y resurrección de Jesucristo. Y para quienes creemos en este verdadero evangelio, se muestra una vida de obediencia y fe en negarnos a nosotros mismos, tomar nuestra cruz diariamente, y seguir a Jesús.

Sin embargo, no encontrarás esa forma de pensar en la teología de la prosperidad. En una entrevista útil y fascinante, el destacado escritor, pastor y maestro, doctor John Piper establece seis claves para detectar al evangelio de la prosperidad y sus predicadores. Las resume de esta manera:[1]

---

1. John Piper, «Six Keys to Detecting the Prosperity Gospel», entrevista fechada 14 abril 2014, como se encuentra en http://www.desiringgod.org/interviews/six-keys-to-detecting-the-prosperity-gospel.

«Ausencia de una doctrina de sufrimiento».

«Ausencia de una doctrina clara y preeminente de abnegación».

«Ausencia de exposición seria de las Escrituras».

«Ausencia en lidiar con las tensiones en la Biblia» [en otras palabras, una disposición de enseñar algo inventado por el predicador que la Biblia rebatiría claramente en otras partes].

La propia participación del predicador en un estilo exorbitante de vida, en que vive por encima de la persona promedio en su congregación.

La exaltación del «yo» y una marginalización de la grandeza de Dios.

Una de las mayores necesidades en la Iglesia de hoy es la disciplina espiritual del discernimiento.[2] La Iglesia se ha vuelto vulnerable a los mensajes persuasivos de la teología de la prosperidad debido al hecho de que muchas iglesias ya no enseñan desde el púlpito un evangelio bíblicamente basado en teología. Mucho de lo que se enseña hoy día podría categorizarse como centrado en el hombre, terapéutico y de entretenimiento.

Es trágico que la medida del éxito de una iglesia a menudo se mida en términos humanos como tamaño, alcance, ventas y mercadeo. Este enfoque en lo externo le ha robado a la iglesia estadounidense la capacidad de discernir lo que tiene valor eterno real y duradero, y que es internamente transformador. Reemplaza el discipulado con materialismo y sustituye el cristianismo auténtico con religiosidad mundana.

---

2. Para un libro útil sobre este tema, ver Tim Challies, *Discernimiento* (Miami: Unilit, 2014).

Hay muchas historias y versículos bíblicos que a los predicadores de la prosperidad les gusta usar y que casi siempre se sacan de contexto. Estos falsos maestros tienen gran habilidad para tomar la verdad bíblica y retorcerla o reacondicionarla en una manera que pone el enfoque en nosotros y no en Dios, muy parecido a como Satanás le hizo a Eva en el huerto del Edén.

A muchos les gusta usar las promesas a Abraham en el Antiguo Testamento como base para reclamar derechos materialistas hoy día.[3] A otros les gusta tomar el principio de las ofrendas sacrificiales y redirigir sus motivos de desinterés hacia recompensas recíprocas y retornos de abundancia monetaria.

A lo largo de esta última senda de «dar para recibir», algunos falsos maestros han robado la frase de *sembrar la semilla* y la historia acompañante que Jesús utilizó en una de sus parábolas.

Con frecuencia, Jesús utilizó parábolas como ilustraciones que ayudaban a enseñar sobre asuntos espirituales pertenecientes al reino de Dios. Algunas narraciones eran fáciles de entender y relacionar, otras eran más difíciles.

Pero la historia conocida como la parábola del sembrador o parábola de los suelos es relativamente fácil de entender, más que todo porque Jesús mismo la interpretó en privado a sus discípulos. De ahí que tengamos el lujo de entender lo que de veras significa. Pero a pesar de esto, muchos falsos maestros encuentran una forma de darle nuevo significado que sirve a sus propios fines subversivos.

3. Ver las opiniones de David W. Jones en su artículo de blog «5 Errores del evangelio de la prosperidad», 10 de junio, 2015, Coalición por el Evangelio, https://www.coalicionporelevangelio.org/articulo/5-errores-del-evangelio-de-la-prosperidad/.

La narración está en todos los tres Evangelios sinópticos (Mateo, Marcos y Lucas), pero para nuestros fines nos enfocaremos en el relato que Marcos nos ofrece a principios de su narración evangelística. En este punto de su ministerio, Jesús era conocido por tener enormes multitudes que lo seguían debido a los milagros que realizaba y a la autoridad de su enseñanza. Dentro de tan grandes multitudes debía haber gran variedad de individuos: algunos sedientos de la verdad, otros en busca de un milagro, algunos solo curiosos y otros escépticos. Este era un momento brillante para que Jesús enseñara acerca de cuatro clases de corazones que la Palabra de Dios puede encontrar cuando es predicada: corazón endurecido, corazón superficial, corazón carnal y corazón receptivo.

A fin de poder ver y hablar claramente a la multitud, Jesús entra a una barca y se ubica en la bahía mientras la gente permanece en la costa. Allí cuenta esta parábola:

> Oíd: He aquí, el sembrador salió a sembrar; y al sembrar, aconteció que una parte cayó junto al camino, y vinieron las aves del cielo y la comieron. Otra parte cayó en pedregales, donde no tenía mucha tierra; y brotó pronto, porque no tenía profundidad de tierra. Pero salido el sol, se quemó; y porque no tenía raíz, se secó. Otra parte cayó entre espinos; y los espinos crecieron y la ahogaron, y no dio fruto. Pero otra parte cayó en buena tierra, y dio fruto, pues brotó y creció, y produjo a treinta, a sesenta, y a ciento por uno. Entonces les dijo: El que tiene oídos para oír, oiga (Marcos 4:3-9).

La realidad aquí es que Jesús no habla de dinero. Está utilizando una ilustración agrícola para mostrar las distintas clases de recepción que la Palabra de Dios recibe cuando es predicada a un grupo variado de personas.

La semilla que cayó en el camino y fue comida inmediatamente sin ser cultivada representa al *corazón endurecido*. La que cae entre pedregales que no le permiten profundizar las raíces es el *corazón superficial*. La semilla que cae entre espinos que la asfixiaron, la cortaron o le robaron los nutrientes representa al *corazón carnal* o *mundano*. En cada uno de estos tipos de corazón hay carencia de verdadera fe salvadora en respuesta a la semilla sembrada (la Palabra de Dios).

Pero la tierra buena o buen terreno representa el *corazón receptivo y creyente*. Es la tierra que recibe la semilla y le permite echar raíces y producir fruto. Describe el corazón del verdadero creyente en Cristo. Hay auténtico arrepentimiento y fe verdadera, y el fruto que brota de este corazón da evidencia de una vida transformada. Esta persona ha adoptado la verdad, ha echado raíz en su vida, crece espiritualmente, y produce fruto para la gloria de Dios.

La explicación de Jesús nos ayuda a ver lo que sucede espiritualmente.

> El sembrador es el que siembra la palabra. Y éstos son los de junto al camino: en quienes se siembra la palabra, pero después que la oyen, en seguida viene Satanás, y quita la palabra que se sembró en sus corazones. Estos son asimismo los que fueron sembrados en pedregales: los que cuando han oído la palabra, al momento la reciben con gozo; pero no tienen raíz en sí, sino que son de corta duración, porque cuando viene la tribulación o la persecución por causa de la palabra, luego tropiezan.

> Estos son los que fueron sembrados entre espinos: los que oyen la palabra, pero los afanes de este siglo, y el engaño de las riquezas, y las codicias de otras cosas, entran y ahogan la palabra, y se hace infructuosa. Y éstos son los que fueron sembrados en buena tierra: los que oyen la palabra y la reciben, y dan fruto a treinta, a sesenta, y a ciento por uno (Marcos 4:14-20).

Esta parábola trata con la Palabra de Dios que es «sembrada como semilla» en el mundo en que se desarrolla una batalla espiritual, donde algunos corazones están endurecidos hacia las cosas de Dios, algunos se encuentran distraídos y orientados en experiencias sin mucha profundidad, algunos son absorbidos y seducidos por las trampas que el mundo ofrece para la gratificación propia y para los deseos de la carne, y otros corazones están hambrientos, sedientos y abiertos hacia la verdad de Dios que se encuentra en el evangelio.

Aquí es donde los predicadores de la prosperidad tergiversan el significado de la parábola para beneficiarse. Muchos de ellos dirán que Jesús enseña el *principio* de sembrar semillas de fe con la promesa de un reintegro monetario. Es verdad que la parábola enseña que la fe verdadera producirá fruto, pero es exagerar demasiado tomar una parábola sobre la receptividad del corazón a la Palabra de Dios y usarla como mecanismo para sacarle dinero a la gente.

La parábola no tiene absolutamente nada que ver con dar dinero. No se trata de sembrar semilla de fe en ningún sentido económico a fin de obtener dividendos. Al contrario, trata con predicar la Palabra de Dios entre personas variadas, sabiendo que el creyente verdadero que la recibe por fe conseguirá una vida que lleva fruto. La Palabra de Dios producirá una cosecha de justicia entre quienes la reciben por fe.

Hace poco vi un video de un falso maestro pidiendo a sus oyentes que sembraran en el ministerio de él una semilla de $54.17 a fin de «enfocar tu fe» y oponerte a «todo demonio desatado contra ti, tu familia y tu futuro». El hombre llamó a esto una «semilla de ninguna arma de Isaías 54:17». La profecía en Isaías 54:17 declara:

> Ninguna arma forjada contra ti prosperará, y condenarás toda lengua que se levante contra ti en juicio. Esta es la herencia de los siervos de Jehová, y su salvación de mí vendrá, dijo Jehová.

Pero este pasaje en Isaías es una promesa profética de la protección de Dios para su pueblo, la cual, en última instancia, se cumplirá cuando Jesús venga a la tierra por segunda vez a reinar sobre su pueblo y protegerlo de todo enemigo. No obstante, este falso maestro ha sacado de contexto el pasaje, lo ha reacondicionado junto con el principio de sembrar semilla, y promete un «milagro activo de protección contra el demonio», justo aquí, ahora mismo, contra las armas satánicas de «enfermedad, divorcio, desánimo, duda o muerte». De alguna manera, sembrar la semilla de $54.17 te ayudará a declarar victoria y prosperar activando tu fe en una forma que se oponga a «los demonios desatados contra ti».

Este tipo de manipulación enfermiza y retorcida de la Biblia con el fin de conseguir dinero para el ministerio de alguien es la clase de engaño con que se nutren los predicadores de la prosperidad. Para ser justos, los creyentes deben ir a la batalla poniéndose la armadura de Dios descrita en Efesios 6:10-18, nada de la cual prescribe entregar dinero a un ministerio como un medio de enfocar tu fe a fin de tener una posición mejor y declarar victoria.

Como regla general, los cristianos deben ser muy cautelosos siempre que oyen a un pastor o tele evangelista que usa la parábola de los suelos o del sembrador como un medio para invocar la necesidad de dar dinero a un ministerio con el propósito de activarte la fe y asumir una posición contra el diablo. De eso no es lo que trata la historia.

El predicador te dirá que, al enviar los fondos, estás evitando que el diablo prospere contra ti, pero en realidad ese dinero va a ayudar a prosperar al predicador, quien a su vez está enseñando doctrina de demonios (1 Timoteo 4:1). Entonces, al final, el diablo sí prospera después de todo, ya que ayuda a apuntalar un ministerio que tiene que ver con engaño y codicia.

Este mal uso de la historia bíblica sobre la siembra de semilla nos recuerda el principio de leer la Biblia en contexto y con atención específica al punto principal de la historia que, gracias a Dios, Jesús deja suficientemente claro sin necesidad de hacer suposiciones.

Ten cuidado con los que extraen frases bíblicas y las aplican de nuevo a contextos extraños en tal forma que socavan la verdad útil que viene de esa frase original. Satanás es un maestro en tomar la verdad y tergiversarla ligeramente, pero en este caso la tergiversación es más que solo un giro leve; es más bien seccionar su significado por completo con el motivo de atacar a los débiles y vulnerables.

El evangelio de la prosperidad promete lo que no puede cumplir y ofrece algo que no deberías comprar. Pablo dijo a los gálatas que si alguien predica un evangelio diferente al verdadero evangelio de Jesucristo, sobre ese individuo caerá una maldición (Gálatas 1:8-9). Judas, el medio hermano del Señor, nos advirtió en cuanto a los falsos maestros:

> Algunos hombres han entrado encubiertamente, los que desde antes habían sido destinados para esta condenación, hombres impíos, que convierten en libertinaje la gracia de nuestro Dios, y niegan a Dios el único soberano, y a nuestro Señor Jesucristo… Estos son manchas en vuestros ágapes, que comiendo impúdicamente con vosotros se apacientan a sí mismos; nubes sin agua, llevadas de acá para allá por los vientos; árboles otoñales, sin fruto, dos veces muertos y desarraigados; fieras ondas del mar, que espuman su propia vergüenza; estrellas errantes, para las cuales está reservada eternamente la oscuridad de las tinieblas (Judas 4, 12-13).

No seamos ingenuos. Pongámonos toda la armadura de Dios contra esta clase de falso evangelio y de falsos maestros, a fin de que sus armas de guerra no prosperen contra nosotros.

CAPÍTULO 9

Los «tres reyes» magos

> «Su estrella hemos visto en el oriente, y venimos a adorarle».
>
> —Mateo 2:2

Es una pregunta común que hacen los líderes de la iglesia, una pregunta más o menos así: «¿En dónde habla la Biblia de [inserta aquí el tema]?». Estas consultas vienen a menudo y son un buen recordatorio de por qué es importante que todos los cristianos se comprometan a estudiar la Biblia por su cuenta.[1]

Como puedes imaginar, los pastores contestan una amplia gama de preguntas relacionadas con la Biblia. Algunas

1. Estudiar la Biblia no solo es importante por su capacidad de informar a nuestras mentes la verdad sobre Dios y nosotros, también es necesario como un medio por el cual el Espíritu Santo transforma nuestras mentes y corazones para que deseemos llevar la vida que le complace. Como Richard Lintz escribió: «[la Biblia] no es simplemente un relato de la redención de Dios, es un agente de redención». Para leer más sobre el estudio de la Biblia, recomiendo *Lectura eficaz de la Biblia*, de Gordon D. Fee y Douglas Stuart (Miami: Vida, 2003).

son fáciles de responder, y otras son más difíciles. La Biblia aborda directamente muchos temas, pero no todos. Tampoco son raras las preguntas sobre ideas y conceptos que no se encuentran en la Biblia, tales como la idea popular pero equivocada de que Dios ayuda a quienes se ayudan. Es precisamente porque no podemos ayudarnos que Dios envió a su Hijo Jesús para salvarnos de nuestro pecado.

Además, muchas ideas que la gente cree que están en la Biblia provienen de la *tradición de la iglesia* y no de las Escrituras. El concepto del purgatorio es una de ellas. La idea de que existe un lugar donde las almas de los difuntos van a purificarse antes de ser elegibles para el cielo no se encuentra en las Escrituras y es teológicamente problemática, ya que sería una afrenta al sacrificio suficiente de Cristo en la cruz para expiar nuestros pecados.[2]

Aún otros confunden la *tradición sagrada de fiestas* con las Escrituras. Uno de los abusos más famosos de la tradición que a menudo se *interpreta como de* la Biblia viene de un conocido villancico navideño escrito por John Henry Hopkins, hijo, en 1857, que conocemos hoy día como «Los tres reyes magos». Al momento de su composición, Hopkins servía como párroco de la Iglesia Episcopal de Cristo en Williamsport, Pennsylvania.

2. El Catecismo de la Iglesia Católica declara: «Los que mueren en la gracia y en la amistad de Dios, pero imperfectamente purificados, aunque están seguros de su eterna salvación, sufren después de su muerte una purificación, a fin de obtener la santidad necesaria para entrar en la alegría del cielo. La Iglesia llama *purgatorio* a esta purificación final de los elegidos que es completamente distinta del castigo de los condenados» (CIC, 1030-1031). Esta enseñanza también se acompaña de la idea de que la oración y las ofrendas de los vivos pueden acortar el tiempo de purificación de los muertos, lo que hace que este concepto sea una recaudación de fondos para la iglesia.

Se dice que Hopkins escribió la pieza para un concurso navideño, aunque no se publicó formalmente hasta 1863. Su título original es «Los tres reyes de oriente», y se encuentra en su obra titulada *Carols, Hymns, and Songs* [Villancicos, himnos y canciones]. Es una pieza encantadora para cantar con una melodía pegadiza que se ha abierto paso durante décadas en programas infantiles en iglesias y escuelas a través de la nación. Se ha convertido en parte de la sagrada tradición cristiana estadounidense para relatar la historia de los sabios de oriente que llegaron a ofrecer al niño Cristo regalos de oro, incienso y mirra como un acto de adoración.

Pero una mirada más cercana al relato de Mateo revelará muchas diferencias entre la verdadera historia del hecho y el villancico que conocemos y amamos. Para ser justos, a nadie le gusta que alguien tome algo divertido y lo eche a perder tratando de ser técnico respecto a todo. En realidad, esa no es mi intención. He incluido este capítulo porque creo que debemos entender lo que las Escrituras enseñan cuando se trata de las diversas prácticas y tradiciones de la iglesia, las canciones que entonamos, y lo que conforma nuestro punto de vista de la historia de Cristo.

Antes que todo, será bueno echar de cerca un vistazo a la historia en sí y sus particularidades. Comencemos con el relato de Mateo en el capítulo 2.

> Después de que Jesús nació en Belén de Judea en tiempos del rey Herodes, llegaron a Jerusalén unos sabios procedentes del Oriente.
>
> —¿Dónde está el que ha nacido rey de los judíos? —preguntaron—. Vimos levantarse su estrella y hemos venido a adorarlo (vv. 1-2, NVI).

El rey Herodes el Grande fue el primero de una larga dinastía de Herodes que dominó la tierra santa durante el reinado del Imperio romano. Gobernó desde el 37 a.C. hasta el 4 a.C., lo que pondría al nacimiento de Cristo en algún momento alrededor del 5 a.C. Herodes era un hombre muy despiadado y brutal, que estaba presto a reprimir a cualquier rival a su trono, fuera real o potencial.[3]

Herodes era poderoso y rico, muy astuto e inteligente, y administrativamente dotado. Es responsable de algunos de los proyectos de construcción y hazañas arquitectónicas más grandes en Israel, incluida la fortaleza del palacio en Masada, y quizá más importante, el templo del monte en Jerusalén. Herodes gravó fuertemente al pueblo, tal vez para ayudar a financiar sus proyectos.

Herodes era un tirano que amaba el poder y más bien actuaba como paranoico. D. A. Carson, erudito en el Nuevo Testamento, escribe: «En sus últimos años, ya con una enfermedad que agravaba su paranoia, se volvió muy cruel y en arrebatos de ira y celos mató a personas íntimas: su esposa Mariamna… y al menos dos hijos».[4]

Así que cuando los sabios de oriente llegaron a preguntarle acerca de un rey, puedes ver por qué la paranoia de Herodes le causaría gran preocupación (que al final lo llevaría a asesinar a todos los varones menores de dos años nacidos en Belén, después de la visita y posible regreso de los sabios).

El primer error común que las personas cometen respecto a

---

3. El rey Herodes en realidad no era judío, sino más bien descendiente de los edomitas (un idumeo), a quien los romanos pusieron a cargo como rey de Judea en el año 40 a.C.

4. D. A. Carson, *Comentario bíblico del expositor, Mateo* (Miami: Vida, 2004), p. 94.

la historia es que los sabios (o *magos* en el griego original) no eran reyes. Probablemente eran magos, filósofos, sacerdotes y astrólogos de Persia (Irán moderno). Eran muy estimados y educados, y a veces se les conocía por practicar medicina incluso como lo haría un médico.

Además, aunque eran gentiles, probablemente estaban familiarizados con la profecía judía relacionada con un rey venidero, ya que muchos judíos estaban dispersos en su región debido al exilio (del Antiguo Testamento) y la actual ocupación romana.[5]

Segundo, no se menciona su modo de transporte; podría haber sido camellos o carros, o pudieron haber caminado. Este aspecto de la historia no es tan significativo, y no es inapropiado imaginarlos o describirlos sobre camellos ya que este es un modo válido de transporte en esa región incluso hoy día.

Al conocer de astrología, los sabios habrían visto la «estrella en el oriente» como una anomalía, y es probable que escudriñaran las Escrituras judías en busca de algún indicio de lo que podría significar. La palabra usada para «estrella» por parte de Mateo podría significar cualquier resplandor brillante o luz celestial en el cielo, y algunos han sugerido que pudo haber sido un cometa, una supernova de alguna clase, una alineación de planetas, o mejor aún, una manifestación sobrenatural de la *Shekinah*, la gloria de Dios (que llevó a

---

5. El hecho de que estos fueran gentiles que llegaron a buscar el rey judío demuestra que el evangelio es inclusivo para todos los pueblos y que Dios tiene un corazón por las naciones; porque en Isaías 49:6, Dios declara por medio del profeta: «Poco es para mí que tú seas mi siervo para levantar las tribus de Jacob, y para que restaures el remanente de Israel; también te di por luz de las naciones, para que seas mi salvación hasta lo postrero de la tierra».

los israelitas a través del desierto bajo Moisés en el Antiguo Testamento. (Ver Éxodo 13:21).

Movidos por la «estrella», los sabios la vieron como un cumplimiento de la profecía judía acerca de un rey futuro, y vinieron a rendirle homenaje y adoración. Obviamente esto llenó de emoción, ira y paranoia el corazón del rey Herodes.

> Oyendo esto, el rey Herodes se turbó, y toda Jerusalén con él. Y convocados todos los principales sacerdotes, y los escribas del pueblo, les preguntó dónde había de nacer el Cristo. Ellos le dijeron: En Belén de Judea; porque así está escrito por el profeta: Y tú, Belén, de la tierra de Judá, no eres la más pequeña entre los príncipes de Judá; porque de ti saldrá un guiador, que apacentará a mi pueblo Israel (Mateo 2:3-6).

No solo fue Herodes quien se preocupó, sino que el texto declara: «Y toda Jerusalén con él». Los habitantes de Jerusalén conocían bien el temperamento del rey, y sabían que si él pensaba que un rey rival estaba en algún lugar de la región que gobernaba, pronto habría derramamiento de sangre, quizá muchas muertes. La ansiedad del público aumentaba dramáticamente siempre que la presión sanguínea de Herodes subía, y temieron su reacción a esta noticia.

Al oír de los sabios la historia del rey recién nacido, Herodes decide consultar a los expertos: los principales sacerdotes y escribas judíos que conocían bien las profecías. Le dijeron el sitio en que debía nacer el futuro gobernante y Mesías: en Belén. Curiosamente, estos principales sacerdotes y escribas no hacen un seguimiento de esto incluso después de escuchar al respecto. Al parecer se muestran indiferentes. Herodes es hostil, los principales sacerdotes y escribas son indiferentes, y los sabios están interesados en adorar. Creo que es justo decir que esas tres reacciones distintas resumen las de la mayoría de personas hacia Jesús incluso hoy: hostilidad, indiferencia y apatía, o adoración auténtica.

La investigación de Herodes continúa:

> Entonces Herodes, llamando en secreto a los magos, indagó de ellos diligentemente el tiempo de la aparición de la estrella; y enviándolos a Belén, dijo: Id allá y averiguad con diligencia acerca del niño; y cuando le halléis, hacédmelo saber, para que yo también vaya y le adore (Mateo 2:7-8).

No hace falta ser detective para imaginar que Herodes trama algo. Curiosamente, en un intento por averiguar qué edad podría tener esta amenaza percibida de un rey, Herodes pregunta sobre el tiempo exacto en que apareció la estrella. Como ya se mencionó, más tarde en la historia (Mateo 2:16-18), Herodes hará matar a todos los niños varones de menos de dos años a fin de eliminar sistemáticamente cualquier amenaza del «rey recién nacido» en Belén.

Herodes ordena a los sabios que busquen y encuentren al niño y le informen sus hallazgos, para que supuestamente él «también vaya y le adore». Esta mentira tenía malas intenciones. Sin embargo, los sabios obedecieron la orden, al menos al principio.

> Ellos, habiendo oído al rey, se fueron; y he aquí la estrella que habían visto en el oriente iba delante de ellos, hasta que llegando, se detuvo sobre donde estaba el niño. Y al ver la estrella, se regocijaron con muy grande gozo. Y al entrar en la casa, vieron al niño con su madre María,

y postrándose, lo adoraron; y abriendo sus tesoros, le ofrecieron presentes: oro, incienso y mirra (vv. 9-11).

Los sabios lograron encontrar a Jesús, gracias otra vez a la «estrella» que volvió a aparecer en el cielo directamente sobre el lugar donde Jesús se hallaba. Y mientras el corazón de Herodes está lleno de maldad, los corazones de los sabios «se regocijaron con muy grande gozo». Encuentran a Jesús y María (no se menciona dónde estaba José en ese momento), y se postran en adoración.

Imagina la sorpresa que debió haber tenido María al ver a estos dignatarios increíblemente ricos ponerse de rodillas para adorar a Jesús. Aún más asombroso es lo que sucede a continuación: la presentación de regalos.

Tenemos oro, el precioso metal de reyes. Tenemos incienso, un sahumerio que a menudo se usaba en funciones sacerdotales de servicios de adoración o unciones. Y finalmente tenemos mirra, una costosa fragancia usada por los ricos, especialmente en funerales. (¿Podría ser que estos obsequios predijeran la realidad de Jesús como el Rey que fue separado para ofrecer su propia vida hasta morir como el sacrificio sacerdotal por nuestros pecados?).

Todos juntos, los regalos habrían hecho a María y José (y Jesús) instantáneamente ricos, y pudieron haber ayudado a financiar el próximo y repentino viaje a Egipto para escapar de la ira del rey Herodes, quien estaba empeñado en destruir al niño. Gracias a Dios, en sueños un ángel advirtió a José lo que planeaba Herodes, por lo que escaparon del plan del rey (y en última instancia de Satanás) de eliminar la amenaza mesiánica.

Aquí es donde descubrimos aún más detalles que contradicen nuestras tradiciones humanas. Se asumió que *tres* sabios hicieron el viaje para ver a Jesús simplemente porque presentaron tres regalos diferentes. Pero esta es una suposición falsa. Una caravana de tal importancia con la cantidad de riqueza y bienes materiales que los acompañaban debió haber tenido más de tres individuos. En realidad, es posible que la cantidad de sabios haya sido entre cinco y diez o más. Por tanto, no hay evidencia de que solo se tratara de tres hombres, y no es probable que fueran reyes.

Además, el tiempo de la llegada de los sabios pudo haber sido de varios meses hasta un año o más después que Jesús nació, y por tanto esto los excluiría de estar en el sitio real del pesebre según registra Lucas, el otro escritor del Evangelio, que es lo que la mayoría de nosotros imaginamos en nuestras escenas del nacimiento.

¿Cómo sabemos esto? Existen al menos dos razones. Si miras de cerca el texto, dice en el versículo 11 que los sabios entraron a la casa donde Jesús y su familia se alojaban. En la historia del nacimiento contada por Lucas, Jesús no está en una casa. Ni siquiera está en el mesón, sino que más bien María se ve obligada a dar a luz en alguna parte al aire libre o en una cueva cerca de los animales (de ahí el pesebre, donde se ponía el alimento para los animales). Así que debió haber transcurrido algún tiempo, y algunas personas debieron haber salido de la concurrida región de Belén antes que José y María pudieran alojarse en una casa.[6]

Segundo, sabemos que para el momento en que los sabios llegaron a saludar a Jesús habían pasado al menos cuarenta o más días *después* del nacimiento. Esto se debe al hecho

6. Recuerda que la región había estado sobrepoblada en esa época debido al hecho de que cada familia debía regresar a su hogar original para los propósitos del censo romano ordenado por César (Lucas 2:1).

de que en el Evangelio de Lucas, Jesús fue presentado en el templo para ser dedicado después que los días de la purificación de María se completaran, que según la ley mosaica (Levítico 12) eran cuarenta días.

Incluida en la dedicación del niño, la madre (y el supuesto padre con ella) también presentarían una ofrenda de un cordero de un año y una paloma o una tórtola. Pero si debido a restricciones económicas la madre no podía presentar un cordero, podían ofrecerse en su lugar dos tórtolas o dos palominos (Levítico 12) y así cumplir con las ofrendas requeridas.

Lucas nos dice que José y María llevaron una ofrenda de un par de tórtolas o dos palominos para la dedicación de Jesús (Lucas 2:24), lo cual significa que optaron por la ofrenda menor debido a su incapacidad de pagar por un cordero de un año.

Pero si los sabios hubieran llegado mientras Jesús aún se hallaba en el pesebre (justo después de su nacimiento), entonces José y María habrían tenido suficientes medios (por virtud del oro, el incienso y la mirra) para pagar la ofrenda requerida del cordero unos cuarenta días después del nacimiento. Por tanto, podemos concluir con seguridad que estos sabios no fueron a la escena original del pesebre como nuestras tradiciones humanas suelen representar.

En resumen, tenemos entonces sabios o magos (no reyes), y no tenemos evidencia de que fueran solo tres de ellos o de que montaran camellos. No podemos poner a estos hombres en la escena del pesebre, sino que más bien llegaron mucho más tarde a una casa, y esto es por lo menos dos meses o hasta un año o más, antes que fueran a ver a Jesús. Por lo cual, si fuéramos a ser histórica y bíblicamente exactos, la escena del pesebre tradicional necesitaría alguna modificación.

¿Seguiremos cantando «Los tres reyes» aunque técnicamente no sea correcto? Por supuesto. No hay motivo para volvernos legalistas al respecto, como si *no* cantarlo nos hiciera más espirituales que los que lo cantan. Pero en el fondo de mi mente recordaré que no todas nuestras tradiciones navideñas están de acuerdo totalmente con el relato bíblico.

Al concluir la historia vemos cómo Dios interviene en forma sobrenatural para preservar de la ira y furia del rey Herodes la vida del niño Jesús: «Siendo avisados por revelación en sueños que no volviesen a Herodes, regresaron a su tierra por otro camino» (Mateo 2:12).

Dios conocía el plan de Herodes, y a fin de salvaguardar el *plan divino* advirtió a los sabios que no regresaran a Herodes para decirle dónde encontrar al niño, que es lo que Herodes les solicitó. Aquí es donde muchos predicadores de la Palabra ven aplicaciones prácticas y paralelos con la vida cristiana.

Los sabios buscaron y encontraron a Cristo, lo adoraron, se ofrecieron sacrificialmente, y luego regresaron a casa por otro camino; y en sentido espiritual, eso es lo que pasa con nosotros. Cuando encontramos a Cristo y somos cambiados por Él, lo adoramos y le ofrecemos nuestras vidas como una ofrenda, y luego finalmente tomamos otro camino a casa. Podríamos darle nuestro tiempo y nuestros tesoros aquí en la tierra, pero Él tiene tesoros esperándonos en el cielo.

Esa será nuestra nueva casa, y al igual que los sabios, debemos encontrarlo y adorarlo, evitar el mal, y caminar en una senda nueva. Hay mucho en esta sencilla historia cuando tratamos de entenderla en contexto. Sin duda, su punto principal es mostrarnos el plan divino, la soberanía de Dios sobre el diablo, y la inclusividad del evangelio por virtud de los gentiles que adoran al legítimo Rey judío... no solo a cualquier rey sino al Rey de reyes. Pero también hay otras lecciones espirituales.

Por eso, cuando de nuestra fe se trata, *debemos medir todas nuestras tradiciones* con la enseñanza literal de la Biblia, entendida adecuadamente en contexto. Debemos seguir cantándole y adorándolo con cánticos, himnos y villancicos. Pero estudiemos con cuidado la Palabra para poder cantar gozosamente la verdad... la verdad sobre Dios y la verdad sobre nosotros. Y al igual que los sabios, debemos ofrecer adoración, tratar de evitar el mal y caminar en una nueva senda a casa.

CAPÍTULO 10

La traición de un discípulo: Judas

«¿No os he escogido yo a vosotros los doce, y uno de vosotros es diablo?».

—JUAN 6:70

Judas Iscariote es un nombre que vivirá en la infamia. Y debido a que traicionó a Cristo han surgido preguntas difíciles. ¿Fue realmente un discípulo? ¿Fue salvo? Este capítulo trata con estos y otros interrogantes. Pero en primer lugar, consideremos algunas verdades básicas acerca del cristianismo, empezando con la vida eterna.

Salomón mismo dijo que Dios ha puesto eternidad en nuestros corazones (Eclesiastés 3:11), pero es difícil para nuestras mentes finitas comprender de veras la realidad de la eternidad: algo que no dura un tiempo, o una temporada, sino para siempre.

Jesús declaró: «Antes que Abraham fuese, yo soy» (Juan 8:58). Esta es una declaración de su naturaleza eterna como

Dios: que ha existido aun antes de la encarnación e incluso antes que Abraham naciera. Es además una afirmación de su existencia eterna. Y Él es el único en el universo que puede hacer tal declaración.

Dicho eso, desde el momento en que fuimos concebidos nos convertimos en seres perpetuos. Nuestras almas vivirán por siempre. La única pregunta es: ¿experimentaremos vida eterna con Dios, o estaremos separados para siempre de la presencia de la bendición divina, separación conocida como muerte eterna o infierno? Ambos son lugares, pero con una experiencia cualitativamente distinta.

Sin duda, el libro de la Biblia que habla más de la vida eterna es el Evangelio de Juan. En más de una ocasión, Jesús hizo muchas promesas en cuanto a la naturaleza de la vida eterna y del regalo que resulta ser para todos los que creen en Él. Quizá una de mis citas favoritas de Jesús es: «De cierto, de cierto os digo: El que oye mi palabra, y cree al que me envió, tiene vida eterna; y no vendrá a condenación, mas ha pasado de muerte a vida» (Juan 5:24).

Aquí Jesús dice que no solo recibimos la promesa de vida eterna, en realidad pasamos de un estado de muerte espiritual a vida espiritual. Y además, en el versículo siguiente extiende también esa vida a la promesa de una *vida resucitada* futura. Así que tanto espiritualmente como también un día físicamente, todos los que creen en Él tendrán vida, y no solo cualquier vida sino vida eterna, ¡en el sentido más pleno! Jesús se encargará personalmente de esto: «Esta es la voluntad del que me ha enviado: Que todo aquél que ve al Hijo, y cree en él, tenga vida eterna; y yo le resucitaré en el día postrero» (Juan 6:40).

¡Fantástico! Algo sobrenatural les sucede a los creyentes

cuando se arrepienten auténticamente de sus pecados y ponen su fe y confianza en Jesús para que los salve de sus pecados. En uno de sus discursos en el libro de Hechos, Pablo declara que Cristo lo envió a los gentiles a predicar el evangelio «para que abras sus ojos, para que se conviertan de las tinieblas a la luz, y de la potestad de Satanás a Dios; para que reciban, por la fe que es en mí, perdón de pecados y herencia entre los santificados» (Hechos 26:18).

Muchas realidades espirituales se explican en este pasaje. El evangelio tiene poder para abrir nuestros ojos, y la fe salvadora traerá a los creyentes de *las tinieblas a la luz*, del poder de *Satanás a Dios*, y también les dará *perdón de pecados* y una *herencia* de parte de Dios. No hay verdades pequeñas. Es más, estas son algunas de las promesas más profundas que se han hecho al creyente en Cristo.

Pablo explicó en otra parte que Dios «nos ha librado de la potestad de las tinieblas, y trasladado al reino de su amado Hijo» (Colosenses 1:13).

Al juntar estas ideas, somos transferidos del reino de las tinieblas a la luz, y del reino de las tinieblas al reino del Hijo de Dios. Ahora somos ciudadanos del cielo (Filipenses 3:20), sellados por el Espíritu (Efesios 1:13) e hijos adoptados de Dios (Efesios 1:5) que recibimos toda bendición espiritual en Cristo (Efesios 1:3). La lista de bendiciones que dan forma a la identidad y las promesas indudablemente ricas dadas al verdadero creyente es monumental.

Jesús proporcionó la seguridad de que los que son sus ovejas oirán su voz y lo seguirán. Se les dará la promesa de vida eterna y nunca perecerán, y «nadie las arrebatará de mi mano» (Juan 10:28).

Entonces, es abrumadora la evidencia de que los que han

nacido de nuevo no pueden ser «no nacidos de nuevo», y los que han recibido el Espíritu tienen su sello y la seguridad de «que el que comenzó en vosotros la buena obra, la perfeccionará hasta el día de Jesucristo» (Filipenses 1:6).

Nuestra salvación es un regalo de Dios, quien ha prometido que este regalo será eterno en naturaleza y nunca se perderá ni será arrebatado. Por tanto, podemos tener la seguridad de que nuestra salvación está segura. Es un regalo que nunca será revocado o arrebatado, y Jesús ha puesto su reputación en ese regalo y ha clarificado que la función del Espíritu es completarlo.

Sin embargo, ¿qué de las personas que en un tiempo u otro han profesado creer en Cristo, que tal vez parecieron mostrar abrumadora evidencia de fruto espiritual, pero que por una razón u otra han abandonado por completo a Cristo, han rechazado la fe, y se han alejado en aparente incredulidad?

¿Cómo podría suceder esto si fueron realmente salvos? ¿Han perdido de alguna manera su salvación? ¿Es posible que hayan sido arrebatados de la mano de Jesús, por así decirlo? De ser así, ¿qué comunica esto acerca de la promesa de Jesús?

Este es sin duda un asunto muy serio de considerar, especialmente cuando la persona que parece haberse alejado de la fe es un familiar, quizá un hijo o una hija, o incluso alguien que respetabas y que en un momento sirvió como tu pastor o líder espiritual. Sí, hay ocasiones en que la vida puede darnos golpes sorprendentemente inesperados e imprevistos.

El apóstol Juan conoció las desgarradoras realidades de esto cuando personas en la iglesia primitiva, que en un momento profesaban a Cristo y andaban en la senda del discipulado, con el tiempo abandonaron la fe, se alejaron de la iglesia y adoptaron falsas enseñanzas. ¡Y algunas de ellas eran maestros en la iglesia! La conclusión a la que él quería que la iglesia llegara era esta:

> Salieron de nosotros, pero no eran de nosotros; porque si hubiesen sido de nosotros, habrían permanecido con nosotros; pero salieron para que se manifestase que no todos son de nosotros (1 Juan 2:19).

Juan dice en esencia que un creyente verdadero perseverará y se mantendrá en la fe, pero si esto no sucede, podríamos concluir que, para empezar, nunca fue auténticamente salvo. Por difícil que esto puede parecer, sucede, y quizá el ejemplo definitivo de esto se encuentra en los Evangelios con la historia del hombre a quien finalmente llamaron el traidor: Judas Iscariote.

Judas fue uno de los doce escogidos que Jesús había llamado personalmente para que estuvieran a su lado. Debido a esto, muchos suponen que al ser un seguidor tan cercano de Jesús, Judas debió haber sido un creyente verdadero con fe salvadora. Formó parte del grupo en Mateo 10 que fue enviado a predicar el evangelio y se le dio autoridad sobre espíritus inmundos, enfermedad y dolencia (vv. 1-4).[1]

¿Significa esto entonces, como algunos han sugerido erróneamente, que un creyente verdadero de Cristo podía en realidad recibir la salvación y luego perderla al decidir alejarse? Como sabemos, Judas finalmente se alejó y traicionó a Jesús, entregándolo en manos de los principales sacerdotes y oficiales por treinta monedas de plata (el precio de un esclavo). No podría haber peor deserción que esa.

1. Pero fíjate que incluso en la lista de apóstoles que Mateo ofrece la termina con Judas, y dijo que este fue «el que también le entregó» (Mateo 10:4).

Recuerdo cuando era niño que hubo un líder en mi iglesia local que me sugirió que la historia de Judas Iscariote era evidencia definitiva de que alguien podía perder la salvación. Como niño, la idea de esto me horrorizó y me hizo sentir inseguro al respecto.

Recuerdo haber pensado: *¿Podría sucederme esto? ¿Podría ser salvo un momento y luego pecar en otro y perder mi salvación? ¿Cómo sabría si la perdí? ¿Sentiría que Dios me abandona? Y de ser así, ¿tendría que aceptar otra vez a Cristo, y cuántas veces tendría que hacerlo, ya que tiendo a pecar todos los días?*

Estas podrían parecer preguntas tontas, pero te aseguro que esto es lo que pasó por mi cerebro. Fue terrible, y yo solía pensar que si alguna vez me ocurría un accidente automovilístico, de alguna manera justo antes del choque le pediría a Jesús que entrara a mi corazón una vez más solo por si acaso yo no sobreviviera. De esa manera tendría borrón y cuenta nueva justo antes que mi corazón se detuviera y así sabría que era salvo. Qué visión tan baja y disminuida de la gracia era esa.

Te aseguro que esta forma de pensar no proviene de Dios, y no es bíblica por todas las razones ya analizadas en este capítulo. ¿Qué hacemos entonces con la historia de Judas? ¿Cómo categorizamos a este «discípulo», quien una vez siguió a Jesús, pero finalmente lo traicionó y más tarde se suicidó?

En primer lugar, permíteme dejar esto en claro: *Judas no fue un creyente verdadero en Cristo*. Aunque fue escogido para formar parte de los doce discípulos originales de Jesús, esto no garantizó que tuviera fe salvadora en Cristo. Muchos que siguieron a Jesús se alejaron en cierto momento. En Juan 6, Jesús dijo algunas cosas bastante difíciles, entre ellas:

> El que come mi carne y bebe mi sangre, tiene vida eterna; y yo le resucitaré en el día postrero. Porque mi carne es verdadera comida, y mi sangre es verdadera bebida. El que come mi carne y bebe mi sangre, en mí permanece, y yo en él (vv. 54-56).

Jesús no habló aquí de manera literal, sino más bien figurada y metafórica sobre su muerte inminente en la cruz. Fue esta muerte expiatoria en la cruz que los judíos tendrían que aceptar a fin de recibir el regalo de la vida eterna. Pero para ellos esto era demasiado difícil de entender y sin duda, demasiado difícil de aceptar, ya que muchos de ellos tenían una imagen militar y política de cómo debía ser el Mesías.

Mira lo que sucedió a continuación. Juan declara: «Desde entonces muchos de sus discípulos volvieron atrás, y ya no andaban con él» (Juan 6:66).

Muchos se alejaron. Y Jesús sabía que bastantes se habían ofendido y que había muchos de ellos que no eran creyentes verdaderos. Lo sorprendente es lo que el Señor expresó al resto de sus seguidores:

> Sabiendo Jesús en sí mismo que sus discípulos murmuraban de esto, les dijo: ¿Esto os ofende?... El espíritu es el que da vida; la carne para nada aprovecha; las palabras que yo os he hablado son espíritu y son vida. Pero hay algunos de vosotros que no creen. Porque Jesús sabía desde el principio quiénes eran los que no creían, y quién le había de entregar (vv. 61-64).

Si esta no fuera evidencia suficiente para convencernos, quizá sí lo será lo que Jesús dijo a continuación. Les preguntó a los doce si también querrían irse, y Pedro declaró:

«Señor, ¿a quién iremos? Tú tienes palabras de vida eterna. Y nosotros hemos creído y conocemos que tú eres el Cristo, el Hijo del Dios viviente» (Juan 6:68-69).

Por supuesto, Pedro incluyó a todos los doce discípulos en esa declaración, pero lo que no sabía era lo que Jesús iba a dejar en claro. El Señor respondió a la declaración de Pedro haciendo una afirmación transcendental: «¿No os he escogido yo a vosotros los doce, y uno de vosotros es diablo? Hablaba de Judas Iscariote, hijo de Simón; porque éste era el que le iba a entregar, y era uno de los doce» (Juan 6:70-71).

Algunas traducciones hacen que Jesús diga. «Uno de ustedes es *un* diablo». Sea como sea, que Jesús llamara a Judas un diablo, o en sentido figurado lo llamara el diablo mismo, no tiene importancia. Lo importante es que este Judas no era un verdadero seguidor de Jesús, estaba completamente perdido, cautivado por Satanás, y por tanto destinado a traicionar a Jesús.

Bueno, alguien podría exclamar: «¡Un momento! ¿No se dirigió Jesús a Pedro en cierto momento diciéndole: "¡Quítate de delante de mí, Satanás!", y esencialmente también llamó "diablo" (Marcos 8:31-33) al futuro líder de la iglesia? ¿Cómo entonces no se perdió Pedro como sí le ocurrió a Judas?».

La diferencia es que Jesús estaba reprendiendo a Pedro, quien con vehemencia lo había regañado por la idea de que iba a ir a Jerusalén para morir en una cruz. Pedro no quería dejar que su amado Mesías sufriera tal destino. Y lo que Jesús oyó fue «el plan secreto de Satanás» detrás de tan ignorante declaración.

Por eso es que Jesús exclamó: «¡Quítate de delante de mí, Satanás!», para hacerle saber a Pedro que su entendimiento estaba tan lejos de la voluntad de Dios que no estaba pensando en los planes de Dios, sino en los del hombre, y en última instancia en los planes de Satanás.

Pero hay una diferencia en la ignorante afirmación de planes humanos de parte de Pedro (que coincidía con los planes de Satanás de usurpar la voluntad de Dios) en contra de ser realmente llamado diablo, quien se alejaría por completo y lo traicionaría para siempre como hizo Judas. Lo primero es una necia e ignorante equivocación momentánea; lo último es un rechazo adrede y voluntario a Jesús *que iría hasta el final en muerte*. Pedro cometió equivocaciones, pero amaba a Jesús, y sin lugar a dudas el resto de la vida de este apóstol demostró que así era. Lo mismo no puede decirse de Judas.

Por eso Jesús llamó diablo a Judas, y Juan lo llamó traidor, en esencia instrumento de Satanás. Eso difícilmente parece un elogio para un creyente verdadero. Pero aún más evidencia del estado espiritual de Judas se ve en los últimos momentos con los discípulos de Jesús antes de la crucifixión mientras comía con ellos en la Última Cena. En Juan 13, Jesús anuncia una vez más a su traidor mientras come la Pascua con sus discípulos, y otra vez resulta ser Judas.

Además, en el transcurso del capítulo vemos a Judas como aquel a quien Jesús consideró «sucio», en el sentido de que no estaba espiritualmente limpio (13:11). Adicionalmente, fue de Judas que se dijo que estaba poseído por Satanás (13:27) cuando salió para traicionar a Jesús, como estaba destinado a hacer. Y claramente fue Judas a quien Jesús se refería cuando oró al Padre y habló del «hijo de perdición», el único de sus doce seguidores que «se perdió» (17:12).

Ninguno de estos términos podría usarse para un verdadero creyente y seguidor de Cristo. Los creyentes no están destinados a la perdición ni están perdidos; es más, somos los «hallados» que hemos sido rescatados por nuestro Salvador.

Judas era un ladrón lleno de codicia y celos (Juan 12:4-6), lo que hizo que Jesús exclamara: «¡Ay de aquel hombre por quien es entregado!» (Lucas 22:22). La culpa no llevó a Judas al verdadero arrepentimiento y fe sino al suicidio (Mateo 27:5).[2] No ofreció evidencia de creer y confiar en Jesús como el Mesías que lo salvaría.

Judas no nos da suficiente evidencia para pensar que alguna vez fuera verdadero creyente en Jesucristo. Es más, la forma en que Jesús habla de él y la descripción narrativa de las acciones y el carácter del traidor indican todo lo contrario. Por tanto, la historia de Judas no podría usarse como evidencia de que un creyente verdadero puede perder la salvación. La misma idea de perder algo que Dios diseñó para ser eterno es una contradicción.

El predominio de evidencia a lo largo de la Biblia es que la salvación de un creyente verdadero está asegurada. Aunque Dios es el único que conoce realmente el corazón, se nos dice que debemos ser inspectores del fruto, y que hagamos un balance de nuestras propias vidas para ver si andamos en la fe.

No debemos preocuparnos o estar ansiosos de perder alguna vez el regalo que hemos recibido y la vida nueva que se nos ha prometido. Dios es fiel a sus promesas, y su

2. El suicidio no impide a alguien la salvación, ya que ha habido muchos creyentes verdaderos que en un momento de desesperación o debilidad han pecado al quitarse la vida y sin embargo están cubiertos por la gracia continua de Dios. Quitarse la vida no es mi punto aquí. Mi punto es que Judas no muestra ninguna señal de arrepentimiento y fe en ningún momento de su relación con Jesús, especialmente al final de su vida, cuando pudo haber tenido la oportunidad al surgir sentimientos de remordimiento.

carácter y reputación dependen de ello. En realidad, el que comenzó una buena obra en ti la terminará por completo (Filipenses 1:6).

Así que esta es una historia triste, pero no es la de un creyente. Es el triste relato de un hombre que caminó con Jesús pero que no creyó de veras, y me entristece que muchas personas que se sientan en la iglesia anden en el mismo camino. Ojalá prediquemos el evangelio de la gracia de Dios así como arrepentimiento y fe, para que quienes oigan y sigan la voz del Pastor puedan estar seguros de que han pasado de muerte a vida, de oscuridad a luz, y estén eternamente seguros.

CAPÍTULO 11

El Pentecostés samaritano

«Por un solo Espíritu fuimos todos bautizados en un cuerpo».

—1 Corintios 12:13

Uno de los métodos más populares que Satanás usa para confundir a los cristianos es el doble lenguaje o doble discurso. Esta es la idea de que alguien puede utilizar *términos* cristianos, pero los términos no poseen *significado* cristiano tradicional. Por ejemplo, los que pertenecen a la fe mormona se denominan *cristianos* aunque no creen en las doctrinas y enseñanzas históricas de la fe cristiana.[1]

1. También afirman creer en Jesucristo. Sin embargo, ¿qué quieres decir cuando declaras *creer* en Jesús? ¿Es que crees que Él *existió* o que crees que es la segunda persona de la Trinidad, el Hijo unigénito de Dios, quien fue Dios en la carne, crucificado y resucitado de los muertos, y que es la única esperanza de salvación para toda la humanidad que confía y *cree* que solo el sacrificio de Él expía el pecado humano?

Además, los mormones pueden decir que creen que Jesús es el Hijo de Dios, pero lo que quieren decir es que es el hijo de *un* dios y de su esposa diosa que concibieron a su espíritu y a su «hermano espiritual» Lucifer en el cielo antes que Jesús tomara existencia humana aquí en la tierra. En este sentido, hay muchos «hijos de los dioses», y Jesús es solo uno de ellos. Es más, el mormonismo enseña que todos los hombres tienen la potencialidad de convertirse en dioses en el más allá, y que junto con sus esposas podrán producir hijos espirituales y repoblar su propio planeta.[2]

Por eso, cuando de evangelizar y hablar de tu fe con un mormón (o incluso un Testigo de Jehová) se trata, es importante que dentro de la conversación haya un intento de definir los términos que están usando, de otra manera se hacen suposiciones cuando en realidad podríamos tener un diálogo de sordos y usar términos e ideas de manera muy diferente.

Este es un concepto importante de comprender al participar el evangelio a personas que se sabe que están fuera del entendimiento tradicional de la fe cristiana. Pero confundir términos, frases e ideas también es común dentro de los confines de la iglesia cristiana ortodoxa tradicional. Por ejemplo, si alguien te dice que Dios tiene un plan para darte *vida abundante*, es importante que busques claridad en lo que quiere decir con «abundante». En Juan 10:10, Jesús estaba hablando de la abundante *vida espiritual* aquí y ahora, no de una idea americanizada de salud y riqueza

2. Para más sobre esto y otras ideas relacionadas con el punto de vista mormón de la vida en el más allá, ver Walter Martin, *The Kingdom of the Cults*, ed. rev. (Minneapolis: Bethany House, 1997), pp. 240-243.

mediante la cual Él desea que siempre tengas buena salud y estés económicamente bien mientras tengas suficiente fe.

Lo mismo es cierto para la palabra *bien* en Romanos 8:28. Si Dios hace que todas las cosas obren para bien, debemos tener cuidado de no importar nuestra propia definición de *bien* en ese versículo y obligar a Dios a actuar en consecuencia. La definición de Dios de *bien* se ve en el versículo siguiente (v. 29), según el cual el mayor bien que Dios obra en nosotros es ser más como su Hijo en carácter y santidad, y Él entreteje el bien y el mal que enfrentamos para lograr este objetivo.[3]

Esto nos lleva a una historia y una frase en el libro de Hechos que ha confundido a muchos cristianos. Veremos la historia en un momento, pero la frase es el *bautismo del Espíritu Santo*, y es más común en ciertos círculos pentecostales o carismáticos, aunque todos los cristianos en cualquier denominación deberían conocerla porque es una frase bíblica importante que tiene un significado transformador.

Entendamos un poco los orígenes de esta frase. Existen varios pasajes en el Nuevo Testamento en que se utiliza la frase *bautismo en, con o por el Espíritu Santo*. Juan el Bautista la usó primero para describir el ministerio de Jesús con diferencia al suyo propio. «Yo a la verdad os he bautizado con agua; pero él os bautizará *con Espíritu Santo*» (Marcos 1:8).

> Yo a la verdad os bautizo en agua para arrepentimiento; pero el que viene tras mí, cuyo calzado yo no soy digno

3. Para mayor información sobre este versículo con una exposición y aplicación más completa, ver mi libro *Versículos bíblicos mal utilizados* (Grand Rapids: Portavoz, 2018), pp. 63-70.

> de llevar, es más poderoso que yo; él os bautizará en Espíritu Santo y fuego (Mateo 3:11).[4]

> Juan les respondió a todos: «Los bautizo con agua, pero el que viene después de mí es más poderoso que yo. Ni siquiera soy digno de desatar las correas de sus sandalias. Él los bautizará *con el Espíritu Santo* y con fuego (Lucas 3:16, PDT).[5]

> Yo no le conocía; pero el que me envió a bautizar con agua, aquél me dijo: Sobre quien veas descender el Espíritu y que permanece sobre él, ése es el que *bautiza con el Espíritu Santo* (Juan 1:33).

---

4. La frase «en Espíritu Santo y *fuego*» es algo adicional que tanto Mateo como Lucas añaden a la cita. Según el erudito en el Nuevo Testamento D. A. Carson: «Muchos ven esto como un doble bautismo: uno en el Espíritu Santo para los justos y otro en fuego para los impenitentes (cf. el trigo y la cizaña en el v. 12). El fuego (Mal. 4:1) destruye y consume... Existen buenas razones, sin embargo, para tomar el «fuego» como un agente purificador junto con el Espíritu Santo. Juan está bautizando a las personas a las que se dirige; presuntamente se han arrepentido. Más importante es que la preposición *en* («con») no se repite antes de «fuego» en el original: una sola preposición determina tanto a «Espíritu Santo» como a «fuego», y esto sugiere normalmente un concepto unificado, Espíritu-fuego o algo similar. A menudo la connotación del fuego en el AT es de purificación, no de destrucción (e.g., Is 1:25; Zac 13:9; Mal 3:2-3)». D. A. Carson, *Comentario bíblico del expositor, Mateo* (Miami: Vida, 2004), p. 117.

5. Alguien podría preguntar: «¿Por qué todas estas citas se redactan de modo un tanto diferente si son la misma cita de ese momento en el ministerio de Juan?». La respuesta es que todos los escritores de los Evangelios, Mateo, Marcos y Lucas (parece que la cita de Juan podría ser de un suceso diferente), pueden armonizarse juntos en tal manera que entendamos que un autor puede haber incluido algunas palabras que Jesús dijo, mientras que otro decidió sacar de su cita algunas palabras o frases. Pero al considerarlas en conjunto, todas representan la idea básica de lo que Juan afirmó con relación a este bautismo.

Juan presenta esta frase en el Nuevo Testamento, y lo que sea que signifique ser bautizado por, en o con el Espíritu Santo (la palabra griega es *baptizō*, que significa «sumergir»), es algo que Jesús llevará a cabo a sus seguidores.[6]

Sin embargo, como señala el teólogo Wayne Grudem, la frase *bautismo de* o *bautizado con el Espíritu Santo* se usó después para referirse directamente a *Pentecostés* en Hechos 1:5 y 11:16. Es aquí que vemos al Espíritu Santo dado en plenitud a la iglesia, el cual habitó en forma permanente por primera vez en los corazones de todos los que creyeron y recibieron a Jesús como Señor. En este acontecimiento de Pentecostés se dio gran poder a los discípulos, quienes pudieron hablar en lenguas extranjeras, predicar la Palabra, y testificar el evangelio de acuerdo con lo que Jesús predijo que sucedería en Hechos 1:8. Por tanto, cuando se hizo realidad el tiempo que Jesús predijo, los discípulos fueron inmersos por, con o en el Espíritu Santo, con lo que vinieron estos dones únicos.

No obstante, este fue un *acontecimiento transicional único* en la línea de tiempo de la historia bíblica, y aquí es donde empieza la confusión.

Algunos cristianos, yo diría que erróneamente, han concluido que, cuando un cristiano hoy día es bautizado por el Espíritu Santo, se repite esa misma experiencia de Pentecostés *en la misma forma que* antes, principalmente en que la experiencia siempre se manifestará en hablar en lenguas. Pero esto pasa por alto la naturaleza transicional única de Pentecostés.

6. Ver Grudem, *Teología sistemática*, p. 804. Es digno de elogio el trato que Grudem da en el capítulo 39 de su obra a la idea del bautismo del Espíritu Santo.

El Pentecostés de Hechos 2 fue un acontecimiento único en la vida de la Iglesia, por medio del cual se llevó a cabo la transición del antiguo pacto al nuevo y se reveló por primera vez la naturaleza internacional del evangelio. En ese momento nunca antes visto en que el Espíritu se daba en plenitud, Dios permitió que los discípulos hablaran sobrenaturalmente en lenguas extranjeras a compatriotas judíos que los oyeron en sus propios idiomas maternos, una señal de la afirmación y aprobación de Dios en cuanto al mensaje del evangelio.

Así que el don fue especial para ese día. Pero no hay evidencia de que todo cristiano en el Nuevo Testamento que llegó a la fe en Jesús hablara en lenguas como evidencia de la presencia del Espíritu, aunque esto le haya sucedido a todos o a la mayoría de creyentes reunidos allí ese día de Pentecostés.

En cambio, hablar en lenguas se vio más tarde en la Iglesia como un don espiritual único que fue dado a pocos individuos seleccionados (ver 1 Corintios 12:10, 30). Y sin importar si alguien cree o no que ese don opere todavía en la Iglesia moderna como una señal y fuente de revelación divina, no podemos deducir que todos los creyentes experimentaran ese don incluso en el siglo I, ni podemos deducir que todos los creyentes de hoy deben experimentar ese don como evidencia del Espíritu Santo en sus vidas.

¿Qué *podemos* concluir entonces con relación al bautismo del Espíritu Santo?

Aquí es donde el apóstol Pablo nos aclara las cosas. Les dijo a los corintios que todos los creyentes de entonces, y por extensión todos los creyentes de hoy, experimentarán este bautismo espiritual si en realidad se han arrepentido de su pecado y han puesto su fe solo en Cristo para salvación.

En otras palabras, la inmersión, o bautismo por, con o en el Espíritu Santo es fundamental para la actividad inicial del Espíritu Santo en la vida de un creyente cuando llega a la fe por primera vez y recibe al Espíritu Santo para que more en él. Pablo le dijo a la iglesia en Corinto: «Por un solo Espíritu fuimos todos bautizados en un cuerpo, sean judíos o griegos, sean esclavos o libres; y a todos se nos dio a beber de un mismo Espíritu» (1 Corintios 12:13).

Fíjate que Pablo declaró: «Por un solo Espíritu *fuimos todos bautizados* en un cuerpo» (la Iglesia). Por tanto, el apóstol está diciendo que *todos los cristianos* recibieron este bautismo, y como resultado fueron inmediatamente adoptados y traídos espiritualmente a la Iglesia, el único cuerpo de Cristo.

El tiempo de esto es importante. Los creyentes son llevados al reino de Dios e incluidos en la Iglesia en el momento que creen y son salvos. Por eso, este bautismo e inclusión en la Iglesia no es algo que ocurre más tarde, después de la conversión, sino algo que ocurre en el mismo instante de la conversión o la fe salvadora, y todos los creyentes lo reciben. En el momento de la salvación somos bautizados con el Espíritu Santo.

Según comenta Grudem: «En este sentido "bautismo por el Espíritu Santo" se refiere a todo lo que el Espíritu Santo hace al comienzo de nuestra vida cristiana».[7] Sí, los

7. *Ibíd.*, p. 807. En contexto, la cita más extensa de Grudem nos ofrece aún más detalles en cuanto a lo que está sucediendo además de nuestro bautismo inicial en el Espíritu e incorporación en la Iglesia. Él escribe: «"Bautismo por el Espíritu Santo", por tanto, debe referirse a la actividad del Espíritu Santo al comienzo de la vida cristiana que cuando él nos da nueva vida espiritual (en la regeneración) y nos limpia y nos lleva a apartarnos del poder y del amor al pecado (la etapa

discípulos fueron verdaderos creyentes por un tiempo antes que recibieran este bautismo, pero «vivieron el momento de transición entre la obra del Espíritu Santo del antiguo pacto y la obra del Espíritu Santo del nuevo pacto… [y por tanto] esto no se debe tomar como un patrón para nosotros, porque no estamos viviendo un tiempo de transición en la obra del Espíritu Santo».[8]

Ahora, si este fuera el caso, ¿por qué algunas personas en círculos pentecostales y carismáticos se refieren a un bautismo adicional del Espíritu Santo que podría ocurrir mucho tiempo después de la conversión, y por qué apelan a otro pasaje en Hechos (8:14-25) como apoyo bíblico?

Aquí hay mucho que decir. Pero antes que saquemos cualquier conclusión, demos una mirada a esta historia a menudo malinterpretada de Hechos 8 y pongámosla en su contexto. En primer lugar, notemos que la frase *bautismo del Espíritu Santo* no aparece en ninguna parte de este texto. Segundo, este es otro momento de transición, cuando un grupo de personas que no eran judías sino samaritanas creen ahora por primera vez en el evangelio. Miremos de cerca el texto.

> Cuando los apóstoles que estaban en Jerusalén oyeron que Samaria había recibido la palabra de Dios, enviaron allá a Pedro y a Juan; los cuales, habiendo venido, oraron por ellos para que recibiesen el Espíritu Santo; porque aún no había descendido sobre ninguno de ellos, sino que solamente habían sido bautizados en el nombre de

---

inicial de la santificación). En este sentido, "bautismo por el Espíritu Santo" se refiere a todo lo que el Espíritu Santo hace al comienzo de nuestra vida cristiana» (*Ibíd.*).

8. Grudem, *Teología sistemática*, p. 807.

Jesús. Entonces les imponían las manos, y recibían el Espíritu Santo (vv. 14-17).

Quienes creen que puede haber un segundo bautismo del Espíritu Santo posterior a la conversión, a menudo utilizan este texto para apoyar tal opinión. Podrían decir que lo que ven aquí son creyentes verdaderos en Cristo que no recibieron el Espíritu Santo sino hasta más tarde, después de su fe inicial, y que esto, de alguna manera, da legitimidad a la idea de que en realidad es posible un bautismo posterior del Espíritu.

Es cierto que seguramente tenemos creyentes que han recibido y creído en el evangelio. Porque antes en el versículo 12 es Felipe el evangelista que habla el evangelio por primera vez a un grupo de samaritanos que lo creen y que luego son bautizados en agua como testimonio de su fe pública y su limpieza espiritual, según los mandatos de Jesús (Mateo 28:19-20).

Pero una vez más, aquí tenemos otro importante momento de transición en la historia del evangelio del Nuevo Testamento. Hasta este instante el evangelio principalmente lo habían creído y recibido creyentes judíos, pero ahora lo creen y reciben personas anteriormente odiadas con las cuales los judíos nunca se habrían asociado: los samaritanos.

Los creyentes judíos pudieron haberse preguntado: «¿Podría ser cierto esto? ¿Es posible que Dios también incluya en la Iglesia a *esta* gente?». (Más tarde se incluyó a gentiles; ver Hechos 10:44-46). Esto habría sido algo tan controversial que los mismos apóstoles debieron verificar y contestar personalmente esa pregunta de una vez por todas.

Por tanto, antes que Dios decidiera bautizar con el Espíritu Santo a estos nuevos creyentes samaritanos, parece que esperó la llegada de los apóstoles en la escena a fin de que vieran por sí mismos lo que sucedería. De este modo, era necesario que ellos verificaran este nuevo desarrollo importante, especialmente porque involucraba a los amargos rivales del pueblo judío, los samaritanos.

De acuerdo con lo que Pablo declaró a los corintios, de ahí en adelante siempre que los creyentes llegaban a la fe eran inmediatamente bautizados por el Espíritu Santo y se convertían en su morada permanente (1 Corintios 12:13). Pero no hay evidencia de que en ese entonces a alguien se le diera el don espiritual de lenguas.

Si recordamos que el libro de Hechos es un libro de transición, no cometeremos la equivocación de creer que todo lo que sucedió entonces también debería estar sucediendo ahora. Se supone que es una descripción de ese momento único en la historia, cuando el pueblo de Dios hacía la transición del antiguo pacto al nuevo. El suceso no pretendía ser una *prescripción* de cómo se supone que la Iglesia moderna debía funcionar. El Espíritu Santo estaba derramándose por primera vez sobre la Iglesia, pero ahora que esa transición se ha completado no deberíamos esperar que tales experiencias transitorias iniciales se repitan hoy día en la misma forma.

Ya no tenemos apóstoles, y no vemos que personas sean resucitadas o desaparezcan en forma milagrosa como vemos en Hechos. El libro refleja un momento único en la historia, y no pretende ser un libro de texto como patrón de la Iglesia moderna.

Es verdad que a la salvación de un creyente pueden seguir momentos de gran bendición. Por ejemplo, podemos experimentar más del control del Espíritu en nuestras vidas cuando nos arrepentimos del pecado y buscamos la voluntad de

Dios para nuestras vidas. Podemos ser impactados en forma única por un sermón o un libro en que el mensaje tiene poder transformador. Tal vez una canción cristiana toque la fibra de nuestra existencia, alcance las profundidades de nuestras almas, y traiga cambio.

Incluso hay personas que mientras estudian la Biblia experimentan la presencia de Dios en oración o adoración, o que encuentran gozo renovado en la comunión con otros creyentes y pueden ver algún crecimiento espiritual medible que viene a través del poder del Espíritu.

En todas estas experiencias, el término *bautismo del Espíritu Santo* no es la manera adecuada de describir tales cosas, porque ese término describe el derramamiento inicial del Espíritu en el principio de la vida cristiana. Quizá sería mejor decir que las experiencias posteriores son ocasiones en que estamos llenos de nuevo con el Espíritu Santo de tal manera que este tiene más control de nosotros y somos más sumisos a Él, lo que hace sentir su presencia de modo único. Pablo manifestó:

> Mirad, pues, con diligencia cómo andéis, no como necios sino como sabios, aprovechando bien el tiempo, porque los días son malos. Por tanto, no seáis insensatos, sino entendidos de cuál sea la voluntad del Señor. No os embriaguéis con vino, en lo cual hay disolución; antes bien sed llenos del Espíritu, hablando entre vosotros con salmos, con himnos y cánticos espirituales, cantando y alabando al Señor en vuestros corazones; dando siempre gracias por todo al Dios y Padre, en el nombre de nuestro Señor Jesucristo. Someteos unos a otros en el temor de Dios (Efesios 5:15-21).

Ser llenos del Espíritu es una forma mejor de entender y describir estos tiempos de gran crecimiento o renovación en nuestra fe. Al creer por primera vez somos bautizados y habitados por el Espíritu Santo. Recibimos todo de Él. Pero también es cierto que cuando progresamos, Él llena nuestras vidas con crecimiento espiritual a medida que nos sometemos a su guía.

Este es un caso en que un término bíblico se utiliza mal porque su contexto se ha malinterpretado, y se ha aplicado mal a experiencias modernas en una forma que nos hace perder su significado original. Por tanto, el cuidadoso estudio de palabras, términos e ideas en contexto nos ayudará a darle sentido a todo. Además, conocer la información de un libro, especialmente una obra transicional como Hechos, también nos ilumina.

Cuando me mudé a Florida hace una década, noté al instante que a la Coca-Cola, Pepsi-Cola y otros productos similares los llamaban *soda*. De donde vengo los llaman *gaseosa*, mientras que la gente en otras partes del país los llama *coca* sin importar qué marca sea. Imagina lo confuso que esto debe ser para un visitante que no habla el idioma y que intenta descifrar nuestros términos.

Lo mismo es cierto para la Biblia, pero lo que está en juego es mucho mayor. Como cristianos haríamos bien en aprender el lenguaje de la Biblia en sus varios contextos para que podamos comunicar la verdad de Dios de una manera clara y precisa. Y de todos modos es mejor estar lleno del Espíritu que de gaseosa o soda.

CAPÍTULO 12

El joven rico

«La vida del hombre no consiste en la abundancia de los bienes que posee».

—LUCAS 12:15

Has oído decir que los ojos son la ventana del alma. La mayoría de nosotros podemos dar un buen vistazo a nuestros seres amados, y discernir rápidamente por su mirada cómo les va mental o emocionalmente. Esto en especial se aplica a los padres, quienes al parecer tienen tremenda habilidad para saber lo que está sucediendo en los corazones de sus hijos simplemente mirándolos a los ojos.

Pero eso no es todo. No solamente los ojos nos delatan, también el tono de nuestra voz. Hasta el día de hoy mi madre tiene gran habilidad para saber cómo me va cuando oye mi voz por teléfono, mucho antes de que le haya dicho *algo* importante. Es como si las madres tuvieran ese sentido sobrenatural de lo que está pasando en las almas de sus hijos. Y no es justo. ¡No podemos ocultar nada!

Con esto en mente, ¿cuánto más el Hacedor de nuestras almas tiene la habilidad de leer y conocer nuestros corazones? El apóstol Pablo nos dice que Dios es quien «prueba» (1 Tesalonicenses 2:4) y «escudriña» (Romanos 8:27) el corazón. Dios mismo, por medio del profeta Jeremías, declaró enfáticamente: «Yo, el Señor, sondeo el corazón y examino los pensamientos» (Jeremías 17:10, NVI). Nada puede ocultarse de Dios, ya que Él conoce los secretos de nuestros corazones (Salmos 44:21).

Cuando Dios vino a la tierra en la forma de Jesucristo, esta capacidad de conocer y leer los corazones de todas las personas se puso de manifiesto en modo único. Incluso antes de conocer a Natanael, Jesús conocía el corazón de este futuro discípulo, y expresó: «He aquí un verdadero israelita, en quien no hay engaño» (Juan 1:47).

Además, Jesús conocía los corazones de los escribas y fariseos (Lucas 5:21-22), así como los de aquellos que al parecer confiaban en Él como resultado de ver las señales que realizaba. Es más, conocía los corazones de todos aquellos con que se topaba (Juan 2:23-25; Mateo 9:4; Lucas 9:47; 11:17). Incluso los discípulos en seguida notaron esto (Juan 16:30; 21:17).

Cuando de gemidos, cargas y hasta de los pecados de nuestros corazones se trata, Jesús está muy consciente de cada uno de ellos, lo cual puede ser consolador o desalentador. Él sabe lo que necesitamos, y dónde no estamos a la altura. Gracias a Dios, Él abunda en misericordia.

Aun así, Jesús no teme señalar aspectos que deben cambiar en las vidas de las personas. En tiempos bíblicos, trátese de los escribas y fariseos, el joven rico, o los habitantes de Nazaret que lo rechazaron, Jesús podía ver debilidad y puntos ciegos que los humanos no siempre ven.

Todo esto lleva a la historia de la Biblia conocida como la parábola del joven rico, la cual Jesús contó después que un hombre le pidiera ayuda para resolver una disputa familiar por una herencia. Jesús sabía el *verdadero motivo* por el que el hombre acudió a Él.

Nuestra historia se encuentra solo en el libro de Lucas, y uno de los temas principales de este Evangelio particular es el énfasis del autor en los peligros de las riquezas. La Biblia no dice que sea pecado ser rico o tener abundante éxito comercial. Si miramos a Abraham o incluso a Job en el Antiguo Testamento, vemos dos hombres muy ricos cuyos corazones agradaban al Señor mientras andaban con fe.[1] Pero la Biblia nos advierte de los peligros inherentes de amar al dinero más que a las cosas de Dios. Pablo advirtió a Timoteo, diciéndole que «raíz *de todos los males* es el *amor al dinero*» (1 Timoteo 6:10), y que al codiciarlo muchas personas han traído gran dolor a sus vidas.

El problema no es poseer dinero. sino permitir que el dinero nos posea. En otras palabras, que consuma nuestra alma. Tanto los pobres como los ricos pueden ser culpables de codiciar dinero. En otra parte de Lucas, Jesús advirtió contra el dominio del dinero:

> Ningún siervo puede servir a dos señores; porque o aborrecerá al uno y amará al otro, o estimará al uno y menospreciará al otro. No podéis servir a Dios y a las riquezas (16:13).

Cuando a Jesús le pidieron que interviniera en un asunto de herencia, supo que esto era simplemente una cortina de

1. Aunque Job perdió gran parte de su riqueza, le fue restaurada más tarde una vez que resistió la prueba.

humo para esconder el motivo del corazón del hombre: ansias de dinero. Y la parábola que Jesús contó para poner al descubierto el verdadero problema tiene la potencialidad de malinterpretarse ampliamente.

He aquí el contexto de nuestra historia: Jesús había estado advirtiendo a las multitudes acerca de los peligros de la falsa religión, la hipocresía e incluso la blasfemia, cuando un hombre le interrumpió la enseñanza.

> Le dijo uno de la multitud: Maestro, di a mi hermano que parta conmigo la herencia. Mas él le dijo: Hombre, ¿quién me ha puesto sobre vosotros como juez o partidor? (Lucas 12:13-14).

Nada en el contexto inmediato indica que Jesús esté hablando de asuntos de dinero, por lo que al parecer el impaciente individuo quiso cambiar el tema para que pudieran hablar de lo que le interesaba. Se trató de una contundente interrupción. A primera vista podría parecer que Jesús fue un poco sarcástico con el hombre, pero no fue así. Simplemente estaba poniendo un límite alrededor de una exigencia atrevida, por lo que fue capaz de reconocer el verdadero motivo que había detrás.

Un papel tradicional de los rabinos de esa época era resolver disputas y asuntos civiles, y al ver la popularidad de Jesús y su autoridad intrínseca, el hombre se dirigió a Él como Rabino o Maestro. En realidad, Jesús era un maestro, pero de la clase formal y legalmente ordenada de rabino que llegaría mucho tiempo después en la tradición judía.

No se nos dicen más detalles respecto a la disputa entre estos hermanos, pero esto no le importó mucho a Jesús. Él no vino a la tierra a resolver esta clase de problemas, y sabía que el hombre en realidad no quería el arbitraje, sino que más bien pretendía que Jesús «decidiera contra su hermano».[2] Jesús vio completamente el asunto, y decidió tratar con el *motivo* y no con el problema a la mano: «Mirad, y guardaos de toda avaricia; porque la vida del hombre no consiste en la abundancia de los bienes que posee» (Lucas 12:15).[3]

¡Vaya! Jesús no pierde el tiempo. Tiene su forma de ser, ¿verdad? Inmediatamente trata con el *verdadero* asunto. El problema del hombre era codicia, que surgía en una lucha por una herencia. En realidad a este sujeto no le interesaba la justicia; más bien estaba ansiando «cosas». Y Jesús lo sabía. Pudo ver que la seguridad y la identidad del hombre estaban envueltas en la búsqueda de riquezas, amor al dinero.

Para ilustrar su advertencia en forma conmovedora, Jesús se volvió hacia lo que mejor hacía: contar historias. Así que sacó una parábola que narraba una historia con un vigor espiritual.

> También les refirió una parábola, diciendo: La heredad de un hombre rico había producido mucho. Y él pensaba dentro de sí, diciendo: ¿Qué haré, porque no tengo dónde guardar mis frutos? Y dijo: Esto haré: derribaré mis graneros, y los edificaré mayores, y allí guardaré todos mis frutos y mis bienes; y diré a mi alma: Alma, muchos bienes tienes guardados para muchos años; repósate, come, bebe, regocíjate. Pero Dios le dijo: Necio, esta

---

2. Darrell Bock, *Luke 9:51–24:53, Baker Exegetical Commentary on the New Testament* (Grand Rapids, MI: Baker Book House, 1996), p. 1149.

3. La palabra griega que Jesús utiliza para «vida» es única en que está refiriéndose a cierta clase de existencia que tiene propósito y significado, y no una de simple vida.

noche vienen a pedirte tu alma; y lo que has provisto, ¿de quién será? (Lucas 12:16-20).

Sacar esta historia del contexto mencionado podría llevar fácilmente a alguien a extraer conclusiones distintas sobre lo que en realidad Jesús estaba diciendo. La historia tiene la potencialidad de ser malinterpretada. Algunos podrían temer que con ella Jesús intenta desalentar a cualquiera que ahorre dinero o que disfrute del fruto abundante que viene de sus labores. Pero sacar esa conclusión sería algo equivocado.

En primer lugar, como mencioné antes, no hay nada intrínsecamente malo en ser rico o incluso en tener tierra que produzca abundantes cosechas. Es más, este individuo fue realmente bendecido. Todos los factores que un agricultor necesitaba para tener una cosecha excelente habían encajado en este hombre.

Pero surgen problemas cuando viene la bendición, y este siempre es el caso cuando alguien se confronta con la «carga» del éxito. ¿Cuál es la siguiente movida del hombre? Él podría ser agradecido y participar generosamente a otros menos afortunados, o decidiría conservar toda la bendición, llenarse aún más los bolsillos, y llevar una vida egoísta de indulgencia.

En esta historia está claro que el hombre rico eligió la segunda opción. Sus pensamientos íntimos lo llevaron al punto en que estuvo dispuesto a gastar dinero derribando lo viejo solo para poder gastar más dinero construyendo algo más grande, y una vez logrado eso planeaba echarse a dormir y darse la gran vida. Con la bendición siempre hay responsabilidad, pero este individuo adoptó un estilo de vida arrogante, egoísta y completamente irresponsable.

Ganó una fortuna y luego se sació del botín en lugar de

expresar su gratitud a Dios siendo generoso con quienes lo rodeaban. Siempre es buena idea recordar que el Señor da y el Señor quita (Job 1:21), y con ese principio en mente, cuando decidimos dar generosamente de lo que Dios nos ha otorgado, podemos estar seguros de que Él siempre tiene una pala más grande y puede reabastecer con generosidad *si seguimos dando de manera generosa y sacrificial con fe.* Todo viene de Dios y, en última instancia, le pertenece a Él.

Pero esta mentalidad no era parte del estilo de vida de este agricultor rico; al contrario, estaba lleno de codicia, y lo que no comprendió es que su tiempo en la tierra había terminado. «Justo cuando el hombre de esta historia creyó estar preparado para la vida, Dios se la quitó... Neciamente se había olvidado de Dios (cp. Sal. 14:1; 53:1), así como de su propia mortalidad».[4]

En lugar de acumular tesoros en el cielo (agradeciendo a Dios y compartiendo con generosidad algo de su tesoro terrenal), el hombre decidió satisfacerse con su tesoro aquí y ahora. Cambió lo eterno por lo temporal, lo cual tristemente muchas personas en esta vida eligen hacer. Y justo cuando creía que su vida era lo mejor que podría ser, esta terminó. Se fue. Hasta ahí llegó.

¿Qué puede entonces mostrarnos este individuo con lo que le sucedió? Una vida de codicia que no será recompensada. Tal como dice el antiguo adagio: «No puedes llevarla contigo». Tal vez has oído la broma de que en estos días no hay muchos vehículos blindados que vayan tras los coches fúnebres.

---

4. John MacArthur, *Comentario MacArthur del Nuevo Testamento: Lucas* (Grand Rapids: Portavoz, 2013), p. 774.

Esto me recuerda una historia moderna de una mujer cuyo esposo egoísta y codicioso falleció. Justo antes de cerrar el ataúd para enterrarlo, ella sacó la chequera y le firmó un cheque por toda la cantidad en la cuenta y lo colocó dentro del ataúd. ¡Buena suerte al hacer efectivo ese cheque!

Jesús declaró: «Necio, esta noche vienen a pedirte tu alma; y lo que has provisto, ¿de quién será?» (Lucas 12:20). Al final, los bienes del esposo codicioso le pertenecieron a la esposa despreciada y olvidada. Se hizo justicia.

En la historia del agricultor rico no sabemos quién disfrutó el botín, lo cual la hace aún más trágica. Qué necedad realmente.

Desafortunadamente, no vemos el resto de la historia ni tampoco averiguamos lo que le sucede al hombre que exigía justicia con relación a una herencia, pero Lucas no deja ninguna duda en cuanto a lo que Jesús quería que aprendiéramos.

A menudo ocurre que el punto principal de una parábola viene al final, y aquí Jesús clarifica en gran manera su propósito: «Así es el que hace para sí tesoro, y no es rico para con Dios» (Lucas 12:21).

Jesús deja en claro que las riquezas que importan no son de naturaleza material sino espiritual. Pablo pregunta: «¿Por qué presumes como si no *te lo hubieran dado*?» (1 Corintios 4:7, NVI). En otras palabras, todo lo que somos y todo lo que tenemos depende del Dios de lo alto. El mismo aliento y la salud que disfrutamos, además de la capacidad de usar nuestros dones, talentos y destrezas para ganar dinero o tener alguna medida de éxito dependen por completo de la gracia de Dios.

Por tanto, ¿qué lugar hay para jactarse, satisfacerse o felicitarse cuando se trata de las maneras en que somos bendecidos? ¿No viene todo de Dios? ¿Y después que hayamos muerto, no se quedará todo aquí en la tierra?

La historia del joven rico llega al fondo de por qué hacemos lo que hacemos, qué es lo que deseamos, y por qué. Según el libro de Santiago, la vida no es más que vapor, estamos un día aquí y muertos al siguiente. Mientras más vivas, más comprenderás lo rápido que la vida pasa. Y tenemos que tomar una decisión: ¿Hemos de vivir para el momento y la gloria del yo, o hemos de vivir para la gloria de Dios, el beneficio de los demás y las recompensas celestiales eternas?

Todo esto se reduce a asuntos del corazón, y a quien daremos cuentas es a Jesús, que ve y conoce el corazón. Él no vino a la tierra la primera vez para juzgar asuntos intrascendentes o disputas familiares, pero cuando un día regrese, nos presentaremos delante de Él como Juez. Esto será para el deleite de aquel cuyo corazón es recto en estos asuntos a fin de escuchar las palabras: «Bien, buen siervo y fiel».

No hay nada malo con ser ricos o exitosos, pero con gran bendición viene gran responsabilidad. Y para los que usan su bendición para bendecir a otros hay una recompensa aún más grande, tanto en esta vida como en la venidera. «Donde está vuestro tesoro, allí estará también vuestro corazón» (Lucas 12:34).

CAPÍTULO 13

«Este es mi cuerpo»

> «Cualquiera que comiere este pan o bebiere esta copa del Señor indignamente, será culpado del cuerpo y de la sangre del Señor».
>
> —1 Corintios 11:27

Me pregunto cómo habría sido haber estado con Jesús cuando vivió en la tierra. ¿Cómo habría sido oír el poder de Dios en su voz? Su autoridad era diferente a la de cualquier otro que el pueblo hubiera oído antes, incluso sus propios dirigentes. Las Escrituras nos dicen que muchos quedaron llenos de reverencia, admiración y asombro.

Qué maravilloso debió haber sido ver a Jesús resucitar a alguien. Un ambiente de dolor cambió en un instante. En un momento las personas lloraban, al siguiente estaban felices. Una madre recibió de vuelta a su hijo; un padre vio que su hija abrió los ojos otra vez. Hermanas vieron al hermano emerger de una tumba cuatro días después de su muerte.

Los discípulos fueron testigos de primera mano de esos

milagros. Había mucho que procesar, mucho que asimilar. Sin duda hubo ocasiones en que esto fue algo abrumador, lo cual dificultaba la tarea de concebir y comprender. Solo más tarde, después de recibir el Espíritu Santo, pudieron por ese Espíritu recordar, ver las cosas con más claridad, y comprender.

De los doce que Jesús eligió en forma única, tres estuvieron más cerca: Pedro, Jacobo y Juan. Se les conoce como el círculo íntimo, o como los tres cercanos. Estos oyeron y vieron cosas que nadie más hizo, incluso a Jesús transfigurado en una luz resplandeciente sobre un monte mientras hablaba con Moisés y Elías, quienes lo visitaron desde el cielo.[1]

Los cuatro relatos de los cuatro Evangelios nos dan todo lo que necesitamos a fin de saber a ciencia cierta quién es Jesús, qué modeló y enseñó, y lo que finalmente cumplió y logró para nosotros al ir a la cruz y ser resucitado. Pero seguramente sucedió mucho más de lo que los relatos de los Evangelios registran. Juan terminó la escritura de su Evangelio diciendo: «Hay también otras muchas cosas que hizo Jesús, las cuales si se escribieran una por una, pienso que ni aun en el mundo cabrían los libros que se habrían de escribir» (Juan 21:25).

Tengo curiosidad por saber cuáles son esas cosas. Pero supongo que tendré que esperar hasta el día en que vea a

1. Se nos dice que Jesús estaba analizando su muerte inminente con estos dos hombres. Ver Lucas 9:29-32. Curiosamente, de este relato podemos suponer que tanto Moisés como Elías tomaron alguna especie de forma corporal y que fueron reconocibles para los discípulos, quienes no conocieron a estos hombres en la tierra. Esto potencialmente puede comunicarnos algunas cosas acerca del más allá que podrían ser interesantes: que en el cielo conoceremos personas que nunca conocimos en la tierra, y que mientras estemos en el cielo no seremos como «fantasmas» o espíritus incorpóreos, sino que tomaremos realmente algún tipo de forma corporal, aunque no será el cuerpo resucitado prometido que vendrá más adelante en el regreso de Cristo.

Dios cara a cara. Para entonces, las cosas del pasado quizá ya no importen debido a la satisfacción total de estar en la presencia divina.

Esto es lo que en última instancia el cristiano ansía: la presencia de Cristo. Por esto es que Pablo, quizá el cristiano más grandioso que ha vivido, dijo que «partir y estar con Cristo» sería muchísimo mejor que cualquier fruto de vida o ministerio que pudiera tener en la tierra (Filipenses 1:22-23).

Los cristianos no deberíamos ver la muerte como un castigo sino más bien como una promoción. Se trata simplemente de la siguiente fase en el plan redentor de Dios de llevarnos a la gloria que tiene para nosotros, la gloria de ser como Él, adorándolo y estando en su presencia.

Le veremos el rostro cuando muramos o cuando regrese a la tierra, lo que venga primero. Pero hasta que llegue ese día, podemos experimentarlo hasta cierto punto a través del poder del Espíritu Santo que mora en nosotros, es decir, todos los que hemos puesto nuestra fe y confiamos en Jesús.

Hay muchas maneras distintas en que hoy día los cristianos experimentamos *espiritualmente* el amor y la presencia de Cristo: sea por medio de la oración, la adoración, el servicio, la lectura y el estudio bíblico, o relacionándonos con otros cristianos. Una forma única en que podemos experimentar su presencia espiritual es cuando la iglesia se reúne para participar en lo que tradicionalmente se conoce como Cena del Señor, Eucaristía o Sagrada Comunión. Es el servicio de recordación que Jesús instituyó con sus discípulos la noche antes que fuera crucificado en Jerusalén, servicio en que los cristianos aún participamos hoy día cuando recordamos el cuerpo y la sangre de Cristo entregados en sacrificio por nosotros en la cruz.

Ha habido confusión generalizada dentro de algunos

círculos cristianos en cuanto a lo que Jesús realmente quiso decir cuando tomó un pedazo de pan y dijo: «Este es mi cuerpo», y luego levantó una copa de vino y declaró: «Esta es mi sangre».

Dentro de círculos católico-romanos, hay la creencia de que lo que Jesús dijo tiene un significado literal. Cada vez que una iglesia católica celebra la misa, en que participan de la hostia y el vino, creen que están realmente participando del *verdadero cuerpo* y la *verdadera sangre* de Cristo. De alguna manera, en forma misteriosa, la sustancia real del pan y el vino cambia sobrenaturalmente en el cuerpo y la sangre de Cristo, aunque los sentidos humanos no perciban ese cambio en sabor o apariencia.

Esto significa que cada vez que una iglesia católica celebra la misa, está ofreciendo de modo regular y real a Cristo como sacrificio y, de alguna forma en un sentido literal, Cristo está de esta forma manifestado en la tierra. Sin embargo, ¿es esto coherente con lo que la Biblia enseña en otras partes, y fue esta la intención de Jesús cuando levantó el pan y la copa delante de sus discípulos?

Entender esto es fundamental para comprender la verdadera naturaleza de la cruz, y es aquí que el libro de Hebreos es quizá de máxima utilidad. El contexto del libro viene de la práctica del Antiguo Testamento del sistema de sacrificios dado por Moisés, mediante el cual los sacerdotes de Israel ofrecían sacrificios para expiar temporalmente los pecados del pueblo.

La seriedad del pecado delante de un Dios santo exigía una consecuencia justa, y la Biblia enseña que «la paga del pecado es muerte» (Romanos 6:23). Pero los animales que se sacrificaban no bastaban para expiar el pecado *humano*;

solo una persona sin pecado podía hacer eso, y por tanto esos sacrificios eran de corto plazo, ya que habría de venir un sacrificio mejor.

Esta práctica continua en el Antiguo Testamento fue diseñada para anunciar el futuro y perfecto sacrificio de Jesucristo, mediante el cual su cuerpo y sangre ofrecidos en la cruz fueron diseñados como expiación *permanente* y satisfactoria por el pecado humano. Jesús se ofreció deliberadamente a pagar el castigo que nuestro pecado merecía. Su sacrificio satisfizo las demandas de la justicia porque la santidad de Dios estaba ofendida por nuestro pecado.

Por eso, al morir en nuestro lugar, la ira de Dios fue satisfecha para el creyente pecador que acepta a Jesús como su Salvador y Señor. Este sacrificio, declara el escritor de Hebreos, fue hecho una sola vez por Jesús, y ahora está completo. Fue suficiente la primera vez, y no tiene que repetirse. El escritor de Hebreos sugiere que Jesús puede entenderse como el Sumo Sacerdote que ofreció el sacrificio, y también como el sacrificio mismo.

> Tal sumo sacerdote nos convenía: santo, inocente, sin mancha, apartado de los pecadores, y hecho más sublime que los cielos; que no tiene necesidad cada día, como aquellos sumos sacerdotes, de ofrecer primero sacrificios por sus propios pecados, y luego por los del pueblo; porque esto lo hizo una vez para siempre, ofreciéndose a sí mismo[2] (7:26-27).

2. Observa el contraste que el escritor está haciendo entre un sacrificio continuo contra un sacrificio de una sola vez que puso fin para siempre a los sacrificios.

De modo similar, en Hebreos 9 se nos dice que Jesús apareció primero para hacer este sacrificio definitivo *una sola vez* con la promesa de venir la segunda vez, no para expiar por el pecado (pues eso ya está hecho), sino para traer una recompensa de completa salvación, no solo al alma sino también al cuerpo.

> [Jesús] se presentó una vez para siempre por el sacrificio de sí mismo para quitar de en medio el pecado. Y de la manera que está establecido para los hombres que mueran una sola vez, y después de esto el juicio, así también Cristo fue ofrecido una sola vez para llevar los pecados de muchos; y aparecerá por segunda vez, sin relación con el pecado, para salvar a los que le esperan (vv. 26-28).

Esta línea de enseñanza y evidencia bíblica indica que no hay necesidad de sacrificios continuos. No solo que el sistema sacrificial del Antiguo Testamento se ha cumplido y se ha dejado de lado, sino que no hay necesidad de ninguna clase de servicio que busque realizar milagrosamente un sacrificio otra vez o de manera regular. El sistema sacrificial terminó. El pastor y escritor John MacArthur lo explica bien:

> Lo único que hicieron todos los sacrificios del Antiguo Testamento fue describir y desarrollar un anhelo apasionado por el sacrificio final, el cual eliminaría realmente el pecado. El Antiguo Testamento tenía un sacerdocio, un altar y sacrificios, los cuales solo eran sombras anticipatorias del sacrificio final que vendría con Cristo. Él vino y ofreció ese único sacrificio, el cual Dios resaltó al destruir el templo, usando a los romanos para hacerlo en el año 70 d.C. Allí se destruyeron los altares, acabando

> por tanto con todo el sistema sacrificial del Antiguo Testamento y con todos los registros de todas las genealogías de aquellos en la línea sacerdotal. Esto por tanto terminó de modo permanente el sacerdocio. No hay más sacrificio. No hay más altares. Y no hay más sacerdotes como un orden especial para ofrecer sacrificios. Todo llegó a su fin en el sacrificio de Jesucristo.[3]

No debemos creer que Jesús se ofrezca una vez más como sacrificio cada vez que el pueblo de Dios se reúne para celebrar el pan y el vino. Esto contradiría las Escrituras, el propósito de la misión de Cristo, y la naturaleza de la cruz. No es necesario hacer expiación cada semana, pues esta se hizo definitiva y completamente en ese tétrico día hace dos mil años.[4]

¿En qué sentido entonces debemos tomar las palabras de Jesús cuando declaró: «Este es mi cuerpo» y «esta es mi sangre»? Sugiero, como insinué antes, que Jesús las dijo en un sentido *simbólico* y *espiritual*. Seguramente así es como los discípulos las habrían entendido cuando fueron dichas,

---

3. John MacArthur, «Explaining the Heresy of the Catholic Mass, Part 1» (30 de abril, 2006), consultado el 21de julio, 2016, https://www.gty.org/resources/sermons/90–318/explaining-the-heresy-of-the-catholic-mass-part-1.

4. Martín Lutero modificó la posición católica, y afirmó que en lugar de que el pan y el vino *se conviertan* realmente en el cuerpo y la sangre del Señor, Cristo está presente «en, con y bajo» el pan tomado en la Comunión. Wayne Grudem explica: «El ejemplo que a veces se ofrece es decir que el cuerpo de Cristo está presente en el pan como el agua está presente en una esponja—el agua no es la esponja, pero está presente "en, con y bajo" una esponja, y está presente dondequiera que esté presente la esponja... en respuesta al punto de vista luterano, se puede decir que este tampoco entiende que Jesús está tratando de enseñarnos una realidad espiritual pero usando objetos físicos, cuando dice: "Este es mi cuerpo"», Grudem, *Teología sistemática*, pp. 1047-1048.

mientras el pan y el vino estaban en las manos de Jesús. Una explicación con sentido común viene de Wayne Grudem:

> Jesús habló muchas veces de manera simbólica cuando se refería a sí mismo. Dijo, por ejemplo: «Yo soy la vid verdadera» (Juan 15:1), o «Yo soy la puerta; el que entre por esta puerta, que soy yo, será salvo» (Juan 10:9 [NVI]), o «Yo soy el pan que bajó del cielo» (Juan 6:41 [NVI]). De manera similar, cuando Jesús dice: «Este es mi cuerpo» habla en forma simbólica, no de una manera real, física y literal. De hecho, cuando él estaba sentado con sus discípulos sosteniendo el pan, el pan estaba en su mano pero era distinto de su cuerpo, y eso era evidente, por supuesto, para los discípulos. Ninguno de los discípulos presentes habría pensado que el pedazo de pan que Jesús sostenía en su mano era realmente su cuerpo físico, porque podían ver el cuerpo ante sus ojos. Como es natural, ellos habrían entendido la declaración de Jesús de una manera simbólica. De igual forma, cuando Jesús dijo: «Esta copa es el nuevo pacto en mi sangre, que es derramada por ustedes» (Lucas 22:20 [NVI]), ciertamente no quería decir que la copa era realmente el nuevo pacto, sino que representaba el nuevo pacto.[5]

Esta es la mejor manera de entender esta práctica bíblica de los creyentes que regularmente participan del pan y el vino. Es una conmemoración simbólica de la muerte expiatoria de Cristo. El apóstol Pablo escribe: «Todas las veces que comiereis este pan, y bebiereis esta copa, la muerte del Señor anunciáis hasta que él venga» (1 Corintios 11:26).

5. *Ibíd.*, p. 1046.

La Cena del Señor es un recordatorio y una proclamación de las buenas nuevas que se encuentran en la cruz: que el pecado está expiado y que puede encontrarse perdón en la persona y la obra de Jesucristo. Pero aún más que eso, hay una comunión espiritual con Cristo y una comunión espiritual con otros creyentes que se experimenta al participar de la Cena del Señor.

La comunión que tenemos con Cristo, y todas las bendiciones y promesas relacionadas nos llegan a través del poder del Espíritu Santo. Y todos los que creen y que tienen el Espíritu Santo pueden experimentar comunión con Jesús y unos con otros al participar en este servicio de recordación y proclamación.

Esta experiencia a menudo se llama un «medio de gracia», a través del cual en este contexto sentimos el poder purificador de Dios para renovar y refrescar nuestra comunión con Él cuando confesamos nuestros pecados y recordamos lo que hizo por nosotros en la cruz. Nos recuerda que, en un modo muy real, estamos espiritualmente unidos a Cristo y unos a otros como su iglesia.

De modo que es una tradición dentro de la Iglesia asistir a la Cena del Señor con disposición de «examinarnos» (1 Corintios 11:27-29), arrepintiéndonos y confesando nuestros pecados delante de Dios para que cualquier compañerismo que se haya debilitado por pecado no confesado pueda restaurarse por la gracia del perdón divino.

Estos momentos de comunión con Jesús pueden ser muy poderosos y conmovedores si se hacen con corazón sincero y humilde de fe. Personalmente, he salido de un tiempo de comunión con el corazón refrescado al recordar cuánto me ama Jesús, incluso hasta el punto de morir en mi lugar. ¡Qué amor tan maravilloso es este, que mi Dios saliera de su hogar en gloria y viniera a este mundo caído para tomar nuestro lugar en la muerte más horrible jamás concebida por el hombre!

Meditar en esa realidad puede ser alentador para el alma. El profesor J. Todd Billings lo describe bien cuando expresa que la predicación, el bautismo y la Cena del Señor son «señales materiales de la promesa del pacto de Dios, a través de la cual el Cristo resucitado comunica su persona y sus beneficios por el poder del Espíritu».[6]

¿Simbólico? Sí. Pero mucho más que eso, estos son los medios de gracia que conectan espiritualmente nuestras almas a nuestro Salvador, quien hoy día está sentado a la diestra del trono de Dios, esperando su regreso a la tierra en el momento apropiado (ver Hebreos 1:3, 13; 8:1; 10:12; 12:2). Curiosamente, el hecho de que Él esté sentado en el trono celestial anuncia que su obra expiatoria como Sumo Sacerdote está hecha.

Los cristianos difieren sobre cuán a menudo debemos experimentar la Cena del Señor y la nutrición espiritual que esta produce. Algunas iglesias la practican cada semana, otras una vez al mes, y otras más cada trimestre o tan poco como dos veces al año. He servido y adorado en iglesias que la han hecho en todas esas frecuencias descritas, y mi preferencia personal es participarla por lo menos una vez al mes.

Según parece, la Biblia deja esto abierto, sin prescribir una orden explícita sobre la frecuencia de la práctica, aunque hay los que podrían condenar dicha idea. Pero la mayoría de cristianos están de acuerdo en que la Cena del Señor es

---

6. Todd Billings, «Sacramentos», en *Christian Dogmatics: Reformed Theology for the Church Catholic*, Michael Allen y Scott R. Swain, eds. (Grand Rapids, MI: Baker Academic, 2016), p. 352.

algo en que deben participar solo cristianos, ya que es una señal de fe en Jesucristo y unidad con Él y su sacrificio por nosotros. También es una señal de unidad con el pueblo de Dios, de comunión y comunidad con la iglesia, a la cual metafóricamente se le llama el cuerpo de Cristo.

Por eso, cuando llegamos a la cena, debemos hacerlo con humildad, fe, contrición, corazón examinado, confesión de labios, actitud agradecida y llena de adoración, y un deseo de estar bien con Dios y reconciliados con nuestros hermanos, nuestras hermanas y el prójimo en general para no comer «el pan o [la] copa del Señor indignamente» (1 Corintios 11:27).

La Cena del Señor es tanto una señal como un medio de experimentar nuestra unidad con Cristo y su Iglesia. Y todo esto viene a través del Espíritu de Cristo, el Espíritu Santo.

Curiosamente, podríamos creer que los discípulos tuvieron una clara ventaja al poder ver a Jesús de primera mano, pero Él dijo que sería mejor para ellos que se fuera a fin de poder enviar al Espíritu Santo, quien permanecería con ellos y aplicaría todas las bendiciones y los beneficios de la obra salvadora de Jesús (Juan 16:7).

De este modo, somos bendecidos hoy día en una manera única, aunque aún no veamos cara a cara a Jesús. Pero ese día llegará muy pronto, mi amigo. Así que alístate, porque el tiempo cada vez es más corto. Para quienes creemos de veras habrá un día en que oiremos su voz, tocaremos sus manos y pies, miraremos su rostro, y abrazaremos a nuestro Rey, sabiendo que todo está bien.

Y espero que la voz que oigas pronuncie las palabras «bien, buen siervo y fiel»; la misma voz que en la cruz pronunció las palabras «consumado es», porque el sacrificio por el pecado fue logrado de una vez por todas.

CAPÍTULO 14

La blasfemia contra el Espíritu Santo

«El me glorificará; porque tomará de lo mío, y os lo hará saber».

—JUAN 16:14

Es probable que hayas escuchado la llamativa frase comercial *Compra uno, recibe uno*, conocido por el acrónimo *BOGO* en inglés (*Buy one, get one*). Nuestro supermercado aquí en la Florida anuncia regularmente especiales *BOGO*, lo cual (junto con su panadería de alta calidad) me hacen volver.

Sin embargo, recuerdo haber quedado perplejo la primera vez que escuché la frase *Compra uno, recibe uno*. Pensé: *Por supuesto que eso no tiene sentido. Cuando compras uno, en realidad recibes uno.*

Mi confusión se intensificó aún más un día en que me hallaba en un partido de entrenamiento de béisbol de los Toronto Blue Jays. Un vendedor subía y bajaba por los pasillos vendiendo refrescos fríos, y gritaba: «Compra uno, recibe...

[con una larga pausa]… uno». La gente reía, y pude imaginar por qué. Estaban esperando otra palabra, una palabra que nunca vino.

Fue entonces que mi amigo me explicó el entendimiento común de la frase: *Compra uno, recibe uno gratis*. De repente todo tuvo sentido. Una palabrita me dio una perspectiva de toda la frase, y comprendí que el acrónimo *BOGO* solo era una manera *abreviada* de comunicarlo.

Como hemos mencionado a lo largo de este libro, ciertas frases a primera vista parecen tener un significado, pero al profundizar obtienes una comprensión más completa o muy diferente.

Una de tales frases es el concepto bíblico *la blasfemia contra el Espíritu Santo*. La palabra *blasfemia* no aparece mucho en la conversación moderna, principalmente porque nuestra cultura no teme a Dios como solía hacer. La palabra misma significa «hablar mal del nombre de Dios o maldecirlo». La idea detrás de ella es que es pecado calumniar a Dios, atribuirle maldad, o en forma descuidada, burlarse de algo que es sagrado para Él (sacrilegio).

Los fariseos acusaron a Jesús de estar haciendo esto cuando perdonaba pecado, declarando que era igual al Padre, o reconociendo que era el Cristo, el Hijo de Dios (Lucas 5:21; Juan 10:30-31; Mateo 26:63-66).

A ojos de ellos, Jesús simplemente era un hombre, solo otro «pecador» que se tomaba libertades en lo referente a las costumbres sagradas y las leyes de confección humana que tenían. Para ellos, Él no podía ser Dios porque no concebían la idea de que Dios se rebajara tanto para tomar forma humana, aunque las Escrituras anunciaron esto, especialmente el profeta Isaías. Por eso, para los fariseos, Jesús era un blasfemo, y todo lo que hacía y decía hacer en el nombre de Dios era blasfemo.

Pero no comprendían que Jesús no era quien estaba cometiendo blasfemia, sino los fariseos. Y no solo blasfemaban contra Jesús y el Padre celestial, Jesús también dijo que además blasfemaban contra la tercera persona de la Trinidad: el Espíritu Santo.

Una historia que a menudo se malinterpreta y se usa mal está en tres de los cuatro relatos en los Evangelios: Mateo 12:22-32, Marcos 3:22-27 y Lucas 11:17-23, con solo detalles menores añadidos u omitidos, dependiendo de cuál Evangelio leas.[1] Para nuestros fines veremos el relato de Mateo, ya que es uno de los más detallados.

Jesús acababa de curar a un endemoniado que también era ciego y mudo. Como puedes imaginar, para el hombre fue casi como liberarse del reino de las tinieblas, tanto espiritual como físicamente. La gente estaba estupefacta, o «atónita», según indica Mateo, y se preguntaban si Jesús era el tan esperado Mesías.

Pero los fariseos se apresuraron a tratar de aplastar esa idea. Implícitamente negaron cualquier milagro celestial, atribuyendo rápidamente al diablo las acciones de Jesús, declarando: «Este no echa fuera los demonios sino por

1. Esto no significa que haya relatos contradictorios, sino que cada escritor pudo haber decidido añadir u omitir alguna información acerca del relato en el curso de su narración. Esta es una de las ventajas de tener tres relatos evangélicos de esta historia, porque al combinarlas todas se tiene un panorama mayor del acontecimiento, muy similar a si se entrevistaran varios testigos de un accidente, que vieron con sus propios ojos lo que sucedió, aunque desde diferentes perspectivas. Además, un escritor puede ofrecer un relato resumido del hecho sin entrar en tantos detalles como los demás escritores de los Evangelios.

Beelzebú, príncipe de los demonios» (Mateo 12:24). El título *Beelzebú*, o *Beelzebub*, era un nombre dado a una antigua deidad pagana que se decía que era el príncipe o gobernante de todos los espíritus malignos, principalmente el diablo o Satanás mismo.

En esencia, los fariseos acusaron a Jesús de estar poseído por Satanás y atribuyeron sus poderes sobre el reino espiritual, la naturaleza o la enfermedad nada menos que a Satanás o al demonio en naturaleza. Lógicamente esto tenía poco sentido, y Jesús (quien conocía los pensamientos de ellos) contrarrestó tal acusación aseverando que cualquier casa o reino dividido contra sí mismo se derrumbaría. «Si Satanás echa fuera a Satanás» (12:26), entonces pelea contra sí mismo y su reino no se mantendrá.

Desde luego, el planteamiento de Jesús es que la única conclusión lógica es que su poder no proviene de Satanás sino de Dios, concretamente del Espíritu Santo, quien de manera sobrenatural lo había facultado para hacer estos milagros como testimonio de quién es Él como el Mesías que ha venido.

Aquí viene entonces la idea de un pecado imperdonable. Jesús declaró:

> Por tanto os digo: Todo pecado y blasfemia será perdonado a los hombres; mas la blasfemia contra el Espíritu no les será perdonada. A cualquiera que dijere alguna palabra contra el Hijo del Hombre, le será perdonado; pero al que hable contra el Espíritu Santo, no le será perdonado, ni en este siglo ni en el venidero (Mateo 12:31-32).

La conclusión que Jesús está sacando es esta: Todos y cada uno de los pecados son perdonables, excepto uno. Palabras inapropiadas dichas, actos de inmoralidad, chisme, ira pecaminosa (por nombrar solo algunos), o incluso palabras pronunciadas contra el mismo Cristo son perdonables, suponiendo que al final el individuo se arrepiente y recibe a Cristo como Señor. *Seamos claros: No hay pecado demasiado grande que la gracia de Dios no pueda cubrir, ni por la cual no se pueda rescatar a alguien de las garras del diablo.* La salvación y limpieza están disponibles para todos, hasta para un ladrón en una cruz.

Pero un pecado no será perdonado, y los fariseos estaban cometiéndolo: No podemos rechazar adrede lo que es evidente que viene de Dios con relación a la persona y la obra de Jesucristo. Los fariseos lo habían oído hablar, lo vieron hacer milagros, y no pudieron sorprenderlo diciendo alguna falsedad o haciendo daño a alguien en quien ponía las manos o a quien curaba por medio de su palabra hablada.

Era obvio. Jesús era exactamente quien afirmaba ser, y tuvo las palabras y acciones para probarlo. Pero a pesar de toda esta evidencia, los fariseos aún lo rechazaron de forma intencional y deliberada, y atribuyeron sus milagros no al poder de Dios sino al poder de Satanás.

Esto equivale a un rechazo total del testimonio del Espíritu Santo sobre quién es Jesús realmente como Mesías, Hijo de Dios y Salvador del mundo. A todo lo largo de su ministerio, cuando Jesús predicaba con poder, curaba enfermos, resucitaba muertos, etc., el Espíritu Santo testificaba alto y fuerte a través de estas cosas que Jesús era el Cristo.

Es más, Jesús afirmó más adelante que este es el propósito del Espíritu Santo: glorificar a Cristo (Juan 16:14). Su labor es exaltar a Jesús. Y esto es lo que estaba haciendo. Los fariseos vieron esto con sus propios ojos, pero aun así rechazaron a

Cristo y blasfemaron del testimonio del Espíritu Santo con relación a Jesús.

Pero alguien podría preguntarse: ¿Cómo puede ser este un pecado imperdonable *hoy* cuando Jesús no está aquí en la tierra haciendo y diciendo ahora estas cosas como lo hizo en ese tiempo?

Para ser técnicos al respecto, esta clase de blasfemia no está sucediendo en la manera *exacta* que ocurría entonces, porque Jesús ya no está en la tierra en cuerpo humano haciendo milagros, sino que está sentado en el cielo a la diestra del Padre. Por tanto, no es posible rechazarlo desde una posición de testigo de primera mano, como hicieron los fariseos.

Pero hoy día *aún* está sucediendo en un sentido, cuando alguien rechaza el testimonio del Espíritu Santo acerca de Jesús que viene a través del pueblo de Dios y la Palabra de Dios por medio del mensaje del evangelio. Hoy día, el Espíritu Santo aún testifica quién es Jesús por medio de la Palabra escrita de Dios (La Biblia) y del mensaje hablado de la vida, muerte y resurrección de Cristo que conforma el contenido del evangelio de la gracia de Dios.[2] Sin este evangelio, la gente permanecerá perdida en su incredulidad, lo cual, en última instancia, es un rechazo a Cristo.

---

2. Sí, es verdad que también damos testimonio del evangelio a los incrédulos a través de vidas fieles y buenas obras que llevan fruto de acuerdo con nuestro arrepentimiento y nuestra fe, pero una vida bien llevada no es suficiente. «La fe es por el oír, y el oír, por la palabra de [o por medio del mensaje sobre]» Cristo (Romanos 10:17). Debemos testificar con nuestros labios acerca de estas buenas nuevas para que las personas puedan oír y creer. Además, se dice que la creación misma testifica de la gloria de Dios (Salmos 19), pero tal cosa sola es insuficiente para llevar a alguien a la fe salvadora. El evangelio debe predicarse y creerse.

Y si una persona muere en incredulidad, no hay perdón para el pecado.

Esto es lo que significa blasfemar contra el Espíritu Santo. Tristemente, esta no siempre es la manera en que se entiende la blasfemia contra el Espíritu Santo. Algunos creen erróneamente que es un rechazo total a la existencia del Espíritu Santo, la cual es realmente una forma de blasfemia, pero no la clase de blasfemia de la que hablamos en este contexto.

Aún otros pueden creer que la blasfemia contra el Espíritu Santo es negarse a creer hoy día en los milagros, lo cual es muy problemático, pero todavía no es el tipo de blasfemia imperdonable de la que Jesús habla en el pasaje que estamos considerando.

Para ser justos, hoy día hay algunos «milagros falsos» que suceden en muchas iglesias, y de los que tendríamos el derecho de sospechar, especialmente si los realiza alguien conocido como un falso maestro, o que no están de acuerdo con precedentes bíblicos o con un entendimiento apropiado de las señales y maravillas que fueron únicas al ministerio de los apóstoles (ver 2 Corintios 12:12).

Personalmente, creo que cada vez que alguien se arrepiente de su pecado y confía solo en Cristo para salvación, vemos un milagro asombroso de un corazón espiritualmente muerto que nace de nuevo y cobra vida delante de Dios. Sin mencionar la gracia común que Dios ofrece a través de la medicina moderna para curar en maneras nunca antes vistas en la historia humana.

Equivocarnos respecto al Espíritu Santo es perdonable, pero rechazar su testimonio sobre Jesús (lo cual resulta en rechazo continuo de Jesús mismo) no es equivocarse. Mi oración es que el pueblo de Dios sea audaz en estos últimos días a fin de que se supere más la incredulidad y este pecado se vuelva menos común.

Si hay algo que nos enseña esto es que debemos profundizar en el contexto para comprender correctamente las palabras y frases bíblicas a fin de aplicarlas en forma adecuada. No todo sobre la superficie es lo que parece. Mi gran preocupación es que la Iglesia de hoy padece de muchas enseñanzas de nivel superficial que son principalmente temáticas en naturaleza. Y cuando el tema se vuelve primordial, se escogen muchos versículos bíblicos de varios lugares sin poner mucha atención a su contexto.

Esto tiene la potencialidad de ser peligroso. ¿Por qué? Porque algunos oradores pueden sacar de contexto versículos bíblicos seleccionados para promover sus propios planes secretos, sin tener en cuenta la fidelidad al contexto. No obstante, esto no significa que tu pastor nunca deba hacer un estudio temático desde el púlpito. A veces tales series son necesarias para enfocar asuntos específicos que son relevantes y verlos desde una perspectiva total de la Biblia.

Pero una ventaja de la predicación expositiva versículo por versículo es que con el tiempo un pastor modela para su congregación cómo interpretar las Escrituras en contexto, por lo que temas, términos e ideas populares que son comunes en la iglesia deben entenderse correctamente y aplicarse con fidelidad por medio de sólidos principios modelados de interpretación.

Cualquiera que sea el enfoque que tu pastor asuma en el púlpito, el contexto importa. Cualquiera que sea la clase de estudio bíblico del que formes parte, el contexto importa. Cuando el libro de la ley fue encontrado después del exilio de Israel, el pueblo tenía hambre porque la Palabra de Dios volviera a predicarse. Y a los levitas se les encomendó que explicaran los mandatos de Dios desde la época en que le fueron entregados a Moisés. «Leían en el libro de la ley de Dios claramente, y ponían el sentido, de modo que entendiesen la lectura» (Nehemías 8:8).

En otras palabras, los levitas tradujeron y enseñaron la Palabra en contexto, dando antecedentes y significado para que el pueblo pudiera entender correctamente los mensajes divinos. Esta debería ser hoy día la tarea de la iglesia, de modo que tengamos un entendimiento más profundo y verdadero de términos y frases que a menudo solo tienen una interpretación superficial.

La enseñanza poco profunda generará cristianos superficiales, y con lo que los ganas es a lo que los ganas. Por tanto, tenemos la obligación de profundizar y así fomentar una cultura en que los cristianos tengan discernimiento y preparación en los caminos y las palabras de Dios.

Conclusión

Maneja la Palabra con cuidado:
Uso apropiado de la Biblia

La Palabra de Dios es preciosa. Es un regalo para nosotros de parte de Dios que nos brinda el corazón de Dios, la voz de Dios, el plan de Dios y la voluntad de Dios. Es de suma importancia que tratemos de adoptar principios sanos de interpretación para escuchar su mensaje en forma correcta y en el contexto de nuestra comunidad creyente llena del Espíritu.

Entender los temas culturales, históricos y gramaticales que entran en la interpretación bíblica a veces puede ser desafiante. Pero no debemos abandonar el significado literal (sentido llano) de la Biblia, siguiendo las reglas de gramática, dando atención específica al estilo o género de la literatura que tratamos de interpretar. Con el Espíritu Santo actuando en nuestros corazones para iluminar el texto, podemos emprender esta tarea con fe en que la Palabra de Dios aún nos habla. Solo entonces podemos conocer mejor la intención original del autor y qué quiso decir a quienes oyeron o leyeron por primera vez para poder aplicar mejor estos principios.

Pero a menudo sucede que a estos principios se les hace caso omiso o se los deja de lado debido a ignorancia o a tendencias modernas de leer o utilizar la Biblia para nuestros planes secretos.

En el transcurso de este libro hemos visto varias maneras en que las historias bíblicas pueden malinterpretarse, usarse mal, o comprenderse mal. Deberíamos estar en guardia contra la siguiente lista de errores que podrían llevarnos en la dirección incorrecta.

- **No hacer caso al contexto.** Este es quizá el error más común cuando se trata de versículos o historias mal utilizadas o malinterpretadas. Sacar algo del contexto casi siempre nos da una interpretación falsa de las verdades que Dios desea que entendamos y apliquemos a nuestras vidas. Además, la comprensión de la naturaleza y el género de un libro, tal como el libro histórico de Hechos o el simbolismo apocalíptico en un libro profético como Apocalipsis, nos ayudará a discernir más fielmente un texto en contexto.

- **No entender el punto principal.** Al tratar de relacionarse de modo emocional o pragmático con su audiencia, muchos predicadores ponen el énfasis principal de una historia bíblica en el lugar equivocado, eclipsando esencialmente el punto principal de algún texto dado. Zaqueo era curioso, pero la historia es más sobre Jesús buscándolo y no a la inversa. Es verdad que existen notas laterales interesantes y aplicables que pueden discernirse al estudiar la Palabra de Dios, pero no perdamos el punto principal que Dios desea que obtengamos, no sea que convirtamos a la Biblia en un manual práctico de instrucciones en lugar de un libro que resalta la gloria y el carácter de Dios y su plan salvador para nosotros. La historia de Jonás es acerca de Dios y su gracia perseguidora, no del mismo Jonás ni de un gran pez.

- **Interpretar prejuicios modernos en el texto.** Todos somos parciales. Todos emprendemos la tarea interpretativa con experiencias y nociones preconcebidas de la realidad. El truco está en saber cuáles son nuestros prejuicios, y con las mejores intenciones tratar de poner de lado nuestras inclinaciones modernas en un esfuerzo por entrar a la perspectiva bíblica de la época en que se escribieron esos documentos. Esto suele significar que nos imaginemos como judíos del primer siglo con todas las costumbres y las tradiciones asociadas con esa perspectiva, de modo que podamos oír mejor la Palabra de Dios en su contexto original. Los apoyos de estudio bíblico pueden ayudarnos realmente a escuchar la intención original del autor, así como a descubrir lo que podrían ser nuestros prejuicios actuales.
- **Desechar la verdad descubierta que va contra lo que ya creemos o pensamos.** A menudo las verdades bíblicas van en contra del moderno pensamiento y de los planes humanos. Palabras como *sumisión* o temas como la homosexualidad son controversiales para las mentes modernas. Pero la Biblia y lo que enseña puede servir como correctivo a nuestras objeciones filosóficas, de tal modo que debemos comprometernos a buscar la forma en que Dios piensa acerca de nuestro mundo en lugar de lo que queremos que nuestro mundo sea. Nuestra carne pecadora siempre se contrariará por el

evangelio y sus reclamos sobre nosotros, pero rendirnos a la manera de pensar de Dios nos libera para vivir la vida abundante.

- **Permitir que la tradición ensombrezca los hechos.** Muchas personas cometen la equivocación de tomar una tradición humana e imponerla sobre su propia comprensión de la Biblia, sin verificar la realidad de esa tradición con el texto mismo. La historia de los sabios es un ejemplo perfecto de esto.

- **Leer en las parábolas lo que realmente no está allí.** Las parábolas fueron historias que Jesús narró que contenían verdades espirituales ocultas acerca del reino, verdades que pueden discernirse por medio de los ojos de la fe y del estudio más profundo, y no debemos interpretarlas en forma alegórica como si cada participante en la historia representara algo más oculto que no es evidente. Por diseño, las perspectivas espirituales de las parábolas están ocultas al corazón incrédulo. Pero quienes tienen oídos para oír y ojos para ver, las parábolas irradian una luz poderosa sobre los principios del reino que Dios desea que el creyente conozca y por medio de los cuales quiere que viva.

- **Hacer caso omiso a lo que la Biblia enseña en otra parte sobre algún tema dado.** A veces se irradia más luz sobre una historia o una idea bíblica cuando vemos lo que la Biblia enseña al respecto en otra sección. Por ejemplo, aprendemos mucho más sobre cómo interpretar la historia de Caín y Abel al observar lo que más tarde la Biblia enseña sobre el tema en Hebreos 11. Con frecuencia ese es el caso, y debemos considerar todo el consejo de Dios cuando se trata de interpretar y aplicar principios derivados de estas historias. La Biblia irradia más luz sobre las cosas de lo que inicialmente podemos captar. Ya que el Espíritu Santo es la inspiración y autoridad detrás de todo lo escrito en las Escrituras, podemos esperar que nos ayude dándonos un mensaje coherente y más claridad a medida que estudiamos.

- **Dar nuevo significado a palabras e ideas que no son consecuentes con la Palabra de Dios.** Esta es la táctica de muchos falsos maestros y sectas, usar palabras cristianas sin definiciones cristianas. Incluso importar un nuevo significado para frases como *siembra tu semilla* es otra manera de engañar a alguien. Los propios estudios de palabras son útiles, pero podemos estar limitados porque las palabras pueden expresar algo muy diferente en un contexto distinto. Una vez más, el contexto es fundamental, y es esencial para la interpretación correcta saber cómo un autor bíblico utiliza un término o una frase. Esto es especialmente cierto para el término *el bautismo del Espíritu Santo*.

- **Perder el sentido claro de un texto o hacer caso omiso al lenguaje figurado.** Siempre debemos tratar de interpretar la Biblia en forma literal a menos que sea evidente que se ha usado lenguaje figurado o simbólico (lo cual algunos géneros, como la literatura apocalíptica, pueden incluir o emplear más a menudo). Es evidente que Jesús estaba hablando de manera figurada cuando manifestó: «Este es mi cuerpo» mientras sostenía el pan en alto delante de los discípulos en la Última Cena. Lo mismo se aplica a cuando les dijo a los discípulos que si tu mano te hace pecar, «córtala». Es obvio que no estaba hablando literalmente, sino resaltando el punto espiritual de cortar el pecado de tu vida a través del verdadero arrepentimiento.

- **Tomar un enfoque centrado en el hombre en vez de buscar a Dios y su gloria como el enfoque central de las Escrituras.** Recuerda que la Biblia es principalmente un libro acerca de Dios. Es la revelación de Dios acerca de sí mismo y de su plan salvador para nosotros, lo que hace que las Escrituras sean más sobre Él. Todos necesitamos dedicación para llenar nuestras vidas a fin de poder vivir fielmente, pero conocer la persona y el carácter de Dios es lo que nos sustentará en esta vida y en la venidera. Cada vez que lleguemos a un texto deberíamos preguntarnos: «¿Qué me enseña esto respecto a Dios?». Solo después que hayamos descubierto qué es eso, deberíamos mirarnos como individuos y como iglesia para saber cómo debemos vivir.

Mucho más podría decirse sobre cómo interpretar correctamente la Biblia. Estas diez ideas no tienen carácter exhaustivo. Pero mi esperanza es que conocer estos obstáculos e interpretar estas historias en contexto te ayudarán en tu viaje de descubrir a Dios, su corazón y su plan para tu vida.

Ninguno de nosotros es perfecto, y hay ocasiones en que nuestra comprensión de la Palabra de Dios puede cambiar cuando crecemos espiritualmente y estudiamos más. Sin duda debemos crecer y hacer a un lado entendimientos ignorantes o falsas conclusiones que se hicieron por error o sin el conocimiento completo del contexto. Aunque nosotros cambiamos, la Palabra de Dios no cambia. Permanece para siempre. Puedes tener fe en que las promesas de Dios se cumplirán, porque están arraigadas en el mismo carácter de Dios, quien es inmutable.

Las personas tienen hambre de la verdad, pero no siempre la comprenden hasta que sus almas la anhelan. Sin embargo, la capacidad de discernir la verdad divina solo puede llegar como resultado de la obra del Espíritu Santo en el corazón. Mi oración es que este libro sea de ayuda al estudiante de la Palabra que busca entenderla mejor para así llevar una vida más fiel.

Pero más que eso, mi deseo es que tengas sed de conocer a Dios del modo en que se ha revelado en las páginas de su Palabra. Un punto correcto de vista sobre Dios nos transforma y también renueva nuestras mentes. Así podremos estar mejor preparados y cumpliremos la misión del evangelio hacia un mundo perdido y moribundo que como Iglesia nos ha llamado a desempeñar.

Luchemos por ser fieles, y en humildad permitamos corrección a lo largo del camino.

Reconocimientos

Dios tiene una forma soberana de entretejer cosas para el bien de quienes lo aman y son llamados de acuerdo con el propósito divino (Romanos 8:28). Mi viaje de fe me ha llevado por caminos que han tenido giros inesperados, con muchas alegrías y angustias que me han convertido en el seguidor de Cristo que ahora soy. Cualquiera que ha caminado con el Señor durante un tiempo probablemente tendrá un testimonio similar. Pero algo permanece siempre constante: Dios es fiel, bueno y bondadoso, y las variadas experiencias que acompañan nuestro viaje de fe pueden cambiarnos, pero nunca lo cambiarán a Él. Dios es inamovible, inmutable e inquebrantable.

Su propósito es hacernos como su Hijo (Romanos 8:29), y mi oración es que este libro solo sea una pequeña ayuda en ese proceso para que podamos aprender cada vez más a pensar como Dios piensa, mientras permitimos que su Palabra conforme nuestros corazones y mentes.

En 2015 me alejé del ministerio pastoral para enseñar a tiempo completo y escribir mientras también pasé más tiempo con mi amada esposa Jennifer y con los dos chicos que traen gozo a nuestro hogar: mis hijos Joshua y Andrew. Aunque hay días en que el impulso de predicar sigue fluyendo por mis venas, el llamado de mi vida de enseñar y pastorear al pueblo de Dios encuentra ahora su realización en los salones de clase de la universidad y la iglesia local, así como a través de mi pluma y mi teclado.

Hay varias personas en los últimos años que han tenido una influencia dinámica en mi vida y me han animado en mi ministerio. Creo realmente que mi esposa Jennifer ha sido uno de los mejores regalos que un hombre temeroso de Dios puede pedir. Sus oraciones, su alegría en Jesús y su amor por la gente, junto con su corazón de sierva traen gracia y bendición de Dios a nuestra casa. Cada día con ella me recuerda cuán bueno es Dios.

Hay varias personas cuyas oraciones continuas y sabios consejos me han ayudado mucho espiritualmente en las tareas de enseñar y escribir, pero especialmente Don y Donna Hart, dos de los mejores consejeros bíblicos que he conocido. También llega a mi mente el fiel entusiasmo de quienes asisten a mis estudios bíblicos los jueves por la noche en la Iglesia Calvary Eastlake en Tarpon Springs, Florida. Nuestros tiempos de estudio son exquisitos y a menudo concluyen con todos nosotros cautivados por la grandeza de Dios.

Encuentro gran alegría en el apoyo y la camaradería de mis compañeros de facultad y del personal en la Universidad Trinity de Florida, donde enseño Biblia y teología y dirijo el programa de honores. El doctor Thomas Woodward ha sido un aliento constante en la búsqueda de grandes cosas para Dios, ya que juntos hemos participado en muchas oportunidades ministeriales de enseñanza que la convierten en gran deleite.

En la Iglesia Calvary en Clearwater, donde adoro y sirvo bajo el excelente liderazgo pastoral del doctor Willy Rice, he encontrado un grupo de cristianos que tienen hambre por la Palabra. Están ansiosos por servir y ver el crecimiento del reino de Dios. Que el Señor sea glorificado en su Iglesia por medio de la predicación fiel de su Palabra y a través de quienes dan sus vidas para edificar el cuerpo de Cristo.

El doctor Eric J. Bargerhuff enseña en el departamento de Biblia y teología, y dirige el programa de honores en la Universidad Trinity de Florida. Sirvió en el ministerio pastoral durante más de veinte años en iglesias de Ohio, Illinois y Florida. Recibió su doctorado en teología bíblica y sistemática de Trinity Evangelical Divinity School. Su pasión es escribir teología sistemática y práctica para los propósitos de crecimiento espiritual y transformación de la iglesia. Eric es miembro del Center for Pastor Theologians (CPT) y de la Evangelical Theological Society (ETS).

Eric es el autor de *Versículos bíblicos mal utilizados*. También escribió *Love that Rescues: God's Fatherly Love in the Practice of Church Discipline* [Amor que rescata: amor paternal de Dios en la práctica de disciplina de la iglesia], que explora la gracia y el amor paternal de Dios que debería encarnarse en los esfuerzos de una iglesia por restaurar a un hermano o una hermana en Cristo que se han extraviado.

Eric y su familia viven en Trinity, Florida.

EDITORIAL
PORTAVOZ

NUESTRA VISIÓN

Maximizar el efecto de recursos cristianos de calidad que transforman vidas.

NUESTRA MISIÓN

Desarrollar y distribuir productos de calidad —con integridad y excelencia—, desde una perspectiva bíblica y confiable, que animen a las personas a conocer y servir a Jesucristo.

NUESTROS VALORES

Nuestros valores se encuentran fundamentados en la Biblia, fuente de toda verdad para hoy y para siempre. Nosotros ponemos en práctica estas verdades bíblicas como fundamento para las decisiones, normas y productos de nuestra compañía.

Valoramos la excelencia y la calidad.
Valoramos la integridad y la confianza.
Valoramos el mérito y la dignidad de los individuos y las relaciones.
Valoramos el servicio.
Valoramos la administración de los recursos.

Para más información acerca de nuestra editorial y los productos que publicamos visite nuestra página en la red: www.portavoz.com.